How to Win Friends and Influence People

기적을 부르는
카네기 인간관계론

데일 카네기

책을 엮어내면서

 데일 카네기(Dale Carnegie)는 인간관계 연구의 선구자로서, 처세철학을 완성한 적극적이며 실천적인 교육자였다. 그는 카네기 연구소 소장으로서 성인교육, 특히 화술 및 인간관계 분야에 탁월한 업적을 남겼다.
 인간으로 하여금 상황에 보다 잘 적응하도록 하는 이 책은 카네기의 *How to Win Friends and Influence People*을 번역한 것이다. 제목을 원제대로 '친구를 사귀고 사람을 움직이는 법'이라 하지 않고 『기적을 부르는 카네기 인간관계론』으로 옮겼다. 책의 내용, 경험한 사람 스스로도 믿기 어려운 기적의 사례를 강조하지 않을 수 없다고 생각했기 때문이다.
 이 책은 결코 어렵고 딱딱한 이론서가 아니다. 새로운 삶을 살아나가는 데 필요한 '능력개발'을 위한 카네기 연구소 강좌의 살아 있는 경험을 바탕으로 행복의 비결과 성공의 원리를 알기 쉽게, 그리고 재미있게 설명하고 있다. 인간관계에 대한 실제적이고 실용적 참고서인 이 책은, 1937년 초판 이후 지금까지 전세계적으로 꾸준히 팔리고 있는 롱 베스트 셀러이다.

인간 삶의 조건에서 인간관계만큼 중요한 것은 없다. 그러나 학교에서도 이에 대해서는 아무것도 가르쳐주지 않는다. 대부분의 사람들은 좌절과 실패를 거듭한 끝에 가까스로 이를 터득해 인생을 새롭게 산다. 그러나 뜻밖에도 많은 사람들은 평생 그 비결을 터득하지 못한 채 어렵게 살고 있다.

이러한 사람들을 위해 인간관계를 조정하면서 행복을 증진하는 방법을 쉽게 터득하게 하는 것이 이 책의 놀라운 효용성이다. 성인들을 위한 인간관계 연구로는 처음이자 유일한 이 책은, 카네기 연구소 강좌를 통한 15년간의 실험과 연구 끝에 세상에 나와 폭발적인 관심을 모았으며, 그 기세는 지금도 여전하다.

인간의 성공적인 삶을 위한 카네기의 인간관계론은 미국을 비롯한 전세계에 막강한 영향력을 미쳐왔다. 현재도 코카콜라와 코닥, 포드 등 미국내 1천여 대기업들이 이에 의한 교육방법을 채택하고 있고, 국내에서도 현대, 삼성, 이랜드, 애경, 대교 등 많은 기업들이 사원훈련에 이의 도움을 받고 있다.

시공을 뛰어넘어 현대에 이르러서도 모든 세계인에게

유용한 카네기 인생철학의 정수를 담은 이 책은, 사람을 사귀고 사람에게 영향을 미치는 방법과 기술, 곧 인간경영의 노하우를 제공함으로써 읽는 이에게 용기와 자신감, 그리고 깊은 감동을 주고 있다.

이 책을 새롭게 펴내면서, 읽는 이의 입장에서 읽는 이들의 편의를 도모하기 위해 약간의 첨삭과정을 거쳤다. 초판 이래 급변한 인류문명과 삶의 방식을 참조하지 않을 수 없었기 때문이다. 중복된 부분이나 주제전달에 불필요한 부분, 시대감각에 적합하지 않거나 우리 정서에 맞지 않는 부분은 삭제했다. 그리고 원래 6권으로 된 카네기 저서를 우리에게 필요한 부분만을 엄선, 분량을 과감히 줄임으로써 읽는 이들이 보다 쉽게 이용할 수 있도록 했다.

사회가 발전하고 다양해질수록 더욱 복잡해지는 인간관계, 이에 대한 철저한 인식은 세일즈맨, 영업사원, 홍보요원, 정치지도자, 기업 경영자, 교사에서부터 가정주부에 이르기까지 성공적인 삶을 살려 하는 모든 사람들에게 절대적인 도움이 될 것이다. 여기 소개되는 인간관계에 대한 원리들은 우리가 처한 일상생활 및 사회생활의 어려움에 마술처럼 작용해 해결하는 기적을 이룬다. 잘 이용해 기대 이상의 효과가 있기 바란다.

차 례

책을 엮어내면서 · 3

제1부 사람을 다루는 기본원리
제1장 비판하기 전에 먼저 이해하라 · 10
제2장 사소한 장점이라도 진솔하게 칭찬하라 · 21
제3장 상대방의 잠재된 욕구를 불러일으켜라 · 33

제2부 상대방의 호감을 얻는 비결
제1장 상대방에 대한 순수한 관심을 가져라 · 48
제2장 항상 웃음과 함께 하라 · 57
제3장 이름을 부르는 마법을 실천하라 · 65
제4장 상대방의 말을 경청하라 · 75
제5장 상대방의 관심사에 대해 말하라 · 85
제6장 상대방이 소중한 사람이라는 확신을 갖게 하라 · 90

제3부 사람을 설득하는 방법
제1장 논쟁을 피하라 · 104
제2장 상대방의 의견을 존중하라 · 111
제3장 자신이 잘못했다면 분명히 인정하라 · 122
제4장 다정하게 말하라 · 129

차 례

제5장 긍정적 대답을 이끄는 질문을 하라 · 136
제6장 상대방이 이야기하도록 하라 · 143
제7장 스스로 생각하게 하라 · 149
제8장 상대방의 관점에서 생각하라 · 155
제9장 상대방의 생각에 동정심을 갖고 공감하라 · 159
제10장 상대방의 내면에 호소하라 · 165
제11장 당신의 견해를 극적으로 표현하라 · 171
제12장 경쟁심을 자극하라 · 175

제4부 사람을 변화시키는 기술

제1장 칭찬과 감사의 표현으로 시작하라 · 182
제2장 비판과 충고는 간접적으로 하라 · 188
제3장 자신의 실수를 먼저 말하라 · 191
제4장 명령보다 부탁하고 협조를 구하라 · 195
제5장 상대방의 체면을 지켜주라 · 198
제6장 사소한 일이라도 칭찬하라 · 201
제7장 상대방에게 발전적인 기대를 표시하라 · 205
제8장 실수를 용서하고 격려하라 · 208
제9장 즐거운 마음으로 협력하게 하라 · 212
제10장 기적을 낳은 편지 · 217

이 책에서 최대효과를 얻기 위한
아홉 가지 제안

1. 이상적 인간관계의 기본원칙 체득을 위해 진지하고 강한 의욕을 가질 것.
2. 반드시 두 번 읽은 뒤 그때 비로소 다음으로 넘어갈 것.
3. 개념정리된, 기본원칙의 실행을 위해 틈나는 대로 연구할 것.
4. 중요하게 생각되는 곳에는 밑줄을 그어둘 것.
5. 반드시 한 달에 한 번, 이상 되풀이 읽을 것.
6. 책을 가까이 두어 일상 문제처리를 위한 안내서로 하며, 체득한 깨우침을 모든 기회에 실제로 응용할 것.
7. 동료와 함께 기본원칙에 반하는 행위가 있을 때 벌금을 내는 벌점제를 두어 그 효과를 점검할 것.
8. 일주 단위로 전체적 실행효과를 점검하고, 스스로의 잘못과 성취경험을 다음을 위해 정리해 둘 것.
9. 책 여백에 가르침에 대한 실행방법과 날짜를 메모해 둘 것.

제 1 부
사람을 다루는 기본원리

제 1 장
비판하기 전에 먼저 이해하라

 1931년 5월 7일 뉴욕 시에서는 범인 검거작전이 숨가쁘게 진행되고 있었다. 아무런 원한도 없이 살인을 저지른 쌍권총의 명수 크로울리의 은신처가 마침내 수사진에 의해 포착되었던 것이다. 그는 웨스트엔드 거리에 있는 애인의 아파트에 몸을 숨기고 있었다. 경찰 150여 명이 그가 숨어 있는 아파트 맨 위층을 포위하고, 지붕에 구멍을 뚫었다. 최루가스를 흘려넣어 '경찰 살인범'인 그를 아파트 밖으로 유인해 내려 했다. 그와 함께 아파트 주위 빌딩 옥상에는 기관총이 장착되었고, 그 총구는 그를 향해 정조준되었다.

 마침내 크로울리는 커다란 소파 뒤에 몸을 숨긴 채 경찰을 향해 무서운 기세로 쌍권총을 쏘아댔다. 경찰들은 일제히 이에 응사했다. 콩튀듯 요란한 권총과 기관총 소리로 뉴욕의 고급 주택가 웨스트엔드 거리는 한 시간 이상을 뒤흔들렸다. 이 총격전을 구경하기 위해 모인 흥분한 시민들은 뉴욕 시에서는 지금껏 본 적이 없는 대활극을 숨죽인 채 지켜보았다. 결국 크로울리는 체포되었다.

당시 뉴욕 경찰국장이었던 말루니는 검거작전 후 한 인터뷰에서 말했다.

"쌍권총의 명수 크로울리는 뉴욕의 중범죄자 중에서도 보기드문 흉악범이었습니다. '아주 사소한 동기'만으로도 간단하게 살인을 했습니다."

정작 크로울리 자신은 스스로를 어떻게 생각하고 있을까? 그 해답은 총격전 당시 그의 행동을 살펴봄으로써 알아낼 수 있다. 총격전이 벌어지는 가운데 그는 '관계자 여러분'에게 보내는, 유서와도 같은 한 통의 편지를 쓰고 있다. 쓰는 동안에도 총격은 계속되었으며, 피에 물든 그의 편지 한 구절은 다음과 같다.

가슴속 깊은 곳의 나의 마음, 그것은 삶에 지치기는 했지만, 부드럽고 다정하다. 언제 어느 때라도 사람을 다치게 하려는 생각 따위는 결코 하지 않는, 따뜻한 마음일 뿐이다.

그러나 크로울리는 체포되기 직전 무슨 일을 했던가. 그는 롱 아일랜드 시골길에 차를 세워놓고 애인과 함께 한참 고조된 사랑의 분위기에 들떠 있었다. 그때 불심검

문이 있었다. 한 경찰이 세워둔 그의 차로 다가왔다.

"면허증을 보여주시오."

순간 재빠르게 권총을 꺼내든 크로울리는 그대로 경찰을 쏘았다. 경찰은 그 자리에서 쓰러졌다. 크로울리는 차에서 내려 이번에는 경찰의 총을 빼들어 다시 한번 저격해 경찰을 완전히 절명케 했다. 이렇게 잔인한 그가 '언제 어느 때라도 사람을 다치게 하려는 생각 따위는 결코 하지 않는, 따뜻한 마음일 뿐'이라고 밝히고 있다.

크로울리는 사형선고를 받았다. 그가 싱싱 교도소의 전기의자에 앉았을 때, "이렇게 죽는 건 모두 내 탓이다. 지금껏 내가 많은 사람을 죽였으니까." 하고 스스로의 운명을 받아들였을까? 그건 결코 아니었다.

"나는 나 자신을 지키려 했을 뿐인데, 이렇게 죽게 되다니!"

이것이 쌍권총 크로울리가 남긴 최후의 말이었다.

여기에서 알 수 있는 것은, 흉악한 범죄자 크로울리조차 자기가 나쁘다고는 결코 생각지 않는다는 것이다.

"나는 한창 일할 수 있는 황금기를, 사회를 위해 다른 사람을 위해 살아왔다. 그런데 결국 내게 남은 것은 차가운 세상의 비난과 전과자라는 낙인뿐이다."

이렇게 스스로의 생애를 한탄한 사람은 한때 미국 전역을 공포에 떨게 했던 시카고 암흑가의 황제 알 카포네였다. 갱단의 두목 알 카포네와 같은 인간도 스스로는 결코 악인이라 생각지 않았다. 사회를 위한 자신의 선행을 세상이 알아주지 않고 비난한다고 원망했다.

이러한 점에서는 뉴욕의 악명높은 조직폭력배 더치 슐츠도 마찬가지였다. 적대적인 폭력조직의 총격으로 목숨을 잃은 슐츠는 죽기 전 한 기자회견에서 스스로를 사회사업가라 일컬었다. 아무도 믿지 않을 이 말을 그러나 그 자신만은 사실로 믿고 있었다.

나는 뉴욕의 싱싱 교도소 소장으로 있던 루이스 로즈로부터 이에 관한 흥미있는 이야기를 들은 적이 있다. 대부분의 수감자들은 자기 자신을 범죄자라고 생각지 않는다고, 스스로는 선량한 일반 시민과 조금도 다르지 않다고 생각한다는 것이다. 그들의 대부분은 자기의 행위가 옳다고 믿고 있으며, 물론 왜 금고를 털지 않으면 안 되었던가, 권총 방아쇠를 당기지 않으면 안되었던가 하는 이유를 그럴 듯하게 설명한다고 했다. 많은 범죄자들은 자신의 범죄에 대해 그럴 듯하게 합리화하고, 자신이 수감된 것은 부당하다는 확신에 차 있으며, 스스로의 억울한 처지에 심한 불만을 품고 있다고 했다.

알 카포네, 쌍권총 크로울리, 더치 슐츠 그리고 교도소에 수감되어 있는 범죄인들이 스스로의 행동 및 자신에 대해 옳다고 확신하고 있다면, 범죄인이 아닌 일반 사람들은 자신에 대해 어떻게 생각하고 있을 것인가?

이에 대해서는 미국의 백화점 설립자 존 워너 메이커

의 말을 참조할 만하다.

"나는 30년 전에 남을 비판하는 것은 가장 어리석은 짓임을 알았다. 어느 누구도 완전하게 태어나지 못하기 때문이다."

워너 메이커는 젊어서부터 이렇듯 소중한 교훈을 깨달았다. 그렇지만 나는 40이 다 되어서야 비로소 사람들은 자신의 잘못을 결코 인정하려 하지 않는다는 사실을 알게 되었다. 지금까지 나는 이 뒤늦은 깨달음으로 하여 세상살이에서 많은 실수를 저질렀다.

어떤 잘못으로 타인을 비난하는 것은 쓸모없는 일이다. 비난받는 대상은 곧 방어태세를 갖추고 어떻게든 자기를 정당화하려 하기 때문이다. 자존심이 상해 반감을 갖게 됨으로써 오히려 상황을 더욱 악화시킬 뿐이다.

타인을 비판하는 일의 무익함은 역사에서도 그 사례를 쉽게 찾아볼 수 있다. 그 가운데서도 디어도어 루스벨트 대통령과 그 후계자 태프트 대통령과의 반목은 유명하다. 그들의 반목으로 공화당이 분열되고, 그 결과 민주당의 윌슨이 대통령이 됨으로써 미국이 제1차 세계대전에 참전하게 되는 등 세계 역사의 흐름을 바꾸어놓았다.

1908년 임기가 끝난 루스벨트는 공화당 대통령후보였던 태프트를 지지했고, 태프트는 당선되었다. 그후 루스벨트는 아프리카로 사자 사냥을 떠났다.

얼마 후 아프리카에서 돌아온 루스벨트는 태프트 정부

제1부 사람을 다루는 기본원리 15

의 보수적 정책을 비판하기 시작했다. 루스벨트는 차기 대통령후보 지명에 대비해 진보당을 조직했고, 그 결과 공화당은 분당의 위기에 빠졌다. 이러한 상황에서 대통령 선거를 치른 공화당후보 태프트는 버몬트와 유타 등 2개 주에서만 지지를 받았을 뿐 참패를 당했다. 이는 공화당 창당 이후 가장 큰 정치적 참패였다.

루스벨트의 비판을 받아들인 태프트는 스스로의 잘못을 인정했을까?

"그런 상황에서 나로서는 그렇게 할 수밖에 없었다."

태프트는 눈물을 머금고 사람들에게 자기 자신을 변명했을 뿐이다.

또 다른 예로 티포트 돔 유전 사건을 살펴보자. 1920년대초 이 사건은 미국 전역을 들끓게 했다.

하딩 대통령 재임 때 당시 내무장관 앨버트 펄은 티포트 돔과 엘크 힐에 있던 정부 소유의 유전지대 대여에 관한 권한을 위임받았다. 이들 유전은 해군에서 사용하기 위해 보존해야 했는데, 펄은 공개입찰도 없이 친구 도헤니에게 유리한 조건으로 대여계약을 체결했다. 도헤니는 이들 유전을 운영해 막대한 수익을 올렸고, 대여금이라는 명목으로 10만 달러를 펄 장관에게 주었다.

그뒤 펄 장관은 해병대를 동원해 유전지대 부근의 군소 석유업자들을 축출했다. 엘크 힐의 석유 매장량이 이웃 유전 때문에 감소될 것을 염려했기 때문이다. 강제로 내쫓긴 군소 석유업자들은 그 억울함을 법정에 호소했으며, 이로써 이 사건은 세상에 드러났다.

이 사건은 국민의 격분을 불러일으켰다. 그 결과 하딩 정부의 정치적 생명이 위협받고 공화당을 위기에 빠뜨렸으며, 앨버트 펄은 투옥되었다. 펄은 현직 관리로서는 전례가 없을 정도로 무거운 형을 받았는데 그는 자기 잘못을 인정하고 참회했을까?

다음의 일화는 그로부터 몇 년 후에 있었던 일이다. 어느 강연회에서 후버 대통령이 하딩 대통령의 하야를 재촉한 것은 측근에게 배신당한 정신적인 고통 때문이었다고 말한 적이 있다. 그 말을 전해들은 펄 부인은 앉았던 자리에서 벌떡 일어나 앙칼지게 소리쳤다.

"뭐라고? 하딩이 펄에게 배신당했다고요? 천만에! 내 남편은 남을 배신한 적이 없어요. 이 건물 가득 황금을 쌓아놓아도 남편을 그릇된 길로 유혹할 수는 없어요. 오히려 남편이 배신당한, 불쌍한 사람이라구요!"

악을 저질렀을 때 스스로의 행위를 미화하고 남을 비난하는 것, 이것은 타고난 인간 본성의 한 면이기도 하다. 인간에게는 옳지 않은 일을 했으면서도, 어이없게도 자신을 제외한 다른 이들을 비난하는 경향이 있다.

이 점에서 우리 모두는 누구도 자유로울 수 없다. 그러므로 만약 남을 비난하고 싶어지면, 크로울리나 알 카포네나 펄의 이야기를 떠올리기 바란다. 남을 비난하는 것은 마치 하늘 보고 침 뱉는 것과 같아서 반드시 자기에게 되돌아온다. 그렇지 않은 경우라 할지라도 상대방은 태프트와 같이 "그렇게 할 수밖에 없었다."고 말하는 것이 고작일 것이다.

1865년 4월 15일 토요일 아침, 에이브러햄 링컨은 3류 배우 부스에게 저격당한 포드 극장 맞은편의 어느 싸구려 하숙집의 한 방으로 옮겨져 죽음을 기다리고 있었다. 키큰 링컨은 대각선으로 눕혀져 있었으나 작은 침대에 그의 긴 다리가 바닥에 닿을 듯했다. 벽에는 로자 본너르의 유명한 그림 「마시장」의 모조품이 걸려 있었고, 주황빛의 흐릿한 가스등 불꽃이 흔들리고 있었다.

이 비극적인 모습을 지켜보고 있던 스탠튼 국방부장관이 중얼거렸다.

"지금 여기 누워 있는 이 사람만큼 완벽하게 인간의 마음을 지배할 수 있는 사람은 이제 다시 없을 것이다."

인간의 마음을 움직일 수 있었던 링컨의 비결은 무엇이었을까? 나는 10년 동안 링컨의 생애를 연구하고, 그로부터 8년 동안 『세상에 알려지지 않은 링컨의 삶』이라는 책을 썼다. 그래서 링컨의 사람됨과 그 가정생활에 대해서는 누구보다 잘 알고 있다. 링컨의 사람 다루는 법에 대해서는 특별한 관심을 가지고 연구했다.

지금까지 살펴본 사람들과 같이 링컨 역시 사람을 비난하곤 했을까? 물론이다. 그의 타인에 대한 비난은 다른 사람에 비해 더하면 더했지 조금도 덜하지 않았다.

링컨은 젊은 시절 인디애나 주의 한적한 마을 피죤 크리크에서 살았다. 그때 그는 자주 남의 잘못을 헐뜯곤 했다. 특정한 사람을 조롱하는 시나 글을 써서 눈에 잘 띄도록 길가에 떨어뜨려놓기도 했다. 그 글이 원인이 되어 평생 링컨에게 반감을 가진 사람도 있었다.

일리노이 주 스프링필드에서 변호사를 개업한 후에도 반대자를 비난하는 편지를 신문지상에 공개하는 등 링컨은 남을 비난하는 행동을 그치지 않았다. 그러다가 너무 지나쳐 큰 봉변을 당기도 했다.

1842년 가을, 링컨은 익명의 풍자문을 스프링필드의 『저널』지에 보냈다. 그것은 허세 많고 시비가리기를 좋아하는 아일랜드 출신의 정치인 제임스 쉴즈를 조롱하는 글이었다. 이 글이 실리자 스프링필드 사람들은 쉴즈를 비웃었다. 감정적이고 자존심 강한 쉴즈는 물론 무섭게 화를 냈다.

쉴즈는 누가 그 글을 써보냈는지 알아내기 위해 애썼고, 마침내 링컨이 그 글을 썼다는 것을 알아내고는 곧 링컨에게 결투를 신청했다. 평소 링컨은 결투에는 반대하는 입장이었다. 그러나 쉴즈의 결투신청을 거절하지는 못했다. 자신의 명예가 걸려 있었기 때문이다.

무기의 선택은 링컨에게 위임되었고, 팔이 긴 링컨은 기병대용 장검을 택했다. 그리고 육군사관학교 출신인

친구에게 장검 사용법을 지도받았다. 약속된 날, 두 사람은 미시시피 강변의 모래사장에서 만났다. 목숨을 건 결투를 시작해야 하는 순간, 쌍방의 입회인들이 적극 중재에 나서 다행하게도 결투는 링컨의 사과로 끝났다.

이 사건은 링컨에게 충격을 주었다. 이때 링컨은 사람을 대하는 데 필요한 귀중한 교훈을 얻었다. 그뒤 그는 두번 다시 사람을 조롱하는 편지를 쓰지 않았으며, 남을 비난하는 일 따위는 다시는 하지 않았다.

그로부터 오랜 세월이 지난 뒤인 남북전쟁 때였다. 당시 링컨은 포토맥 강 지구사령관을 몇 번씩이나 재임명하지 않으면 안되었다. 맥클래런, 포프, 번사이드, 후커, 미드 등 모든 장군들이 실수만 저질러 전황을 비관적인 상태로 몰아갔기 때문이다. 많은 국민들은 무능한 장군들을 비난했다. 그러나 링컨은 '모든 이에게 악의를 버리고, 사랑으로 대하자.'고 스스로 타이르며 마음의 평정을 잃지 않고 침묵을 지켰다.

링컨이 즐겨 인용한 격언은 '남을 비판하지 말라. 그러면 너희도 비판받지 않을 것이다.' 하는 것이었다.

루스벨트는 대통령직에 있을 때 난관에 부딪치면 언제나 거실 벽에 걸려 있는 링컨의 초상화를 쳐다보며, '링컨이라면 이 문제를 어떻게 처리할까?' 하고 생각을 가다듬었다고 한다. 만일 우리가 남을 비판하거나 충고하고 싶어질 때는 루스벨트 대통령처럼, '링컨이라면 이런 경우 어떻게 할까?' 하고 생각해 보도록 하자.

우리는 타인의 결점을 바로잡고 개선하려는 마음을 지니고 있다. 그런데 왜 자기에게는 그렇게 하지 않는가. 섣불리 타인을 타이르기보다는 자신을 바로잡는 것이 유익하고 또 위험도 적다. 죽을 때까지 타인으로부터 미움을 받고 싶은 사람이라면 남을 신랄하게 비판해도 좋다. 그 비평이 정확하고 타당할수록 그 효과는 크다. 타인을 비판하는 것은 어떤 바보라도 할 수 있다. 그리고 바보일수록 그렇게 하고 싶어한다.

타인을 대할 때 사람은 감정의 동물이며, 편견과 자존심과 허영심에 의해 행동한다는 사실을 명심해야 한다. 타인을 이해와 관용으로 대함은 뛰어난 성품과 극기심을 갖춘 사람만이 지닐 수 있는 미덕이다. **타인을 비난하는 대신 이해하도록 노력하라. 어떤 이유로 그러한 행위를 하게 되었을지 생각해 보라. 그렇게 하는 것이 유익하고, 그렇게 하면 동정과 관용이 저절로 우러날 것이다.**

"모든 것을 알면 모든 것을 용서하게 된다. 하나님도 사람을 심판하려면 그 사람이 죽을 때까지 기다린다."고 영국의 위대한 문학가 존슨은 말했다. 그런데 인간인 우리가 그때까지 기다리지 못할 까닭이 없지 않은가.

제 2 장
사소한 장점이라도 진솔하게 칭찬하라

이 세상에서 사람을 움직이는 비결은 오직 한 가지 밖에 없다. 스스로 하고자 하는 마음을 불러일으키는 것, 이것이 바로 그 비결이다. 그러나 이를 알고 있는 사람은 극히 드물다. 타인의 가슴에 권총을 들이대 손목시계를 풀어주고 싶은 마음을 일으킬 수는 있다. 감시의 눈길을 늦추지 않는 동안만은 채찍이나 호통으로 아이들을 예정된 방향으로 움직일 수도 있다. 그러나 이런 방법에는 언제나 부정적인 반작용이 따른다.

타인의 마음을 움직이는 데는 그가 원하는 것을 주는 것이 최선의 방법이다. 당신은 무엇을 원하는가? 20세기의 위대한 심리학자 프로이트는 인간의 모든 행동은 두 가지 동기, 곧 성적 욕구와 위대해지고자 하는 욕망에 의한다고 한다. 미국의 저명한 철학자이며 교육가인 존 듀이도 그와 같은 말을 한다. 인간의 가장 뿌리깊은 충동은 중요한 인물이 되고자 하는 욕구라는 것이다.

'중요한 인물이 되고자 하는 것', 이는 인간에게 매우 중요한 문제이다. 이 장에서는 이에 대하여 자세하게 살펴보고자 한다.

인간은 무엇을 소망하는가? 원하는 것이 별로 없는 듯한 사람에게도 분명 바라는 것 몇 가지는 있다. 일반사람들은 다음 몇 가지로 소망하는 바를 간추릴 수 있겠다.

1. 건강과 수명에 대한 욕구
2. 음식에 대한 욕구
3. 수면에 대한 욕구
4. 금전 및 금전으로 살 수 있는 것들에 대한 욕구
5. 내세의 생명에 대한 욕구
6. 충족된 성욕에 대한 욕구
7. 자손 번영에 대한 욕구
8. 자신의 중요성에 대한 욕구

위에 든 욕구들은 대체로 만족할 수 있는 것들이지만, 하나만은 예외이다. 이 욕구는 식욕이나 성욕 등과 같이 본질적이면서도, 좀처럼 충족되기 어렵다. 그것은 '자신의 중요성에 대한 욕구'이다. 이는 바로 프로이트가 제시한 위대해지고자 하는 욕망이며, 듀이가 지적한 중요한 인물이 되고 싶은 욕구 그것이다.

언젠가 링컨은 한 편지에서, '인간은 누구나 칭찬받기를 좋아한다.'고 쓰고 있다. 저명한 심리학자 윌리엄 제임스는 "인간의 기본적인 성향 가운데 가장 강한 것은 남의 인정을 받고자 하는 갈망"이라고 말하고 있다. 우리는 제임스가 희망이나 동경 등의 표현을 쓰지 않고 '갈망'이라고 한 것에 주의해야 한다.

갈망이란 끊임없이 인간의 마음을 동요시키는 불타는 듯한 갈증이다. 이와 같은 타인의 갈증을 채워줄 수 있는 사람은 극히 드물다. 그러나 그렇게 할 수 있는 사람만이 타인의 마음을 움직일 수 있다.

어릴 때 나는 미주리 주의 농촌 마을에서 살았다. 그때 아버지는 듀록저지종 돼지와 머리 부분이 흰 순수혈통의 소를 키우고 있었는데, 이들을 품평회에 출품해 여러 번 1등상을 탔다. 아버지는 영예의 빨간 리본을 흰 모슬린천에 나란히 꽂아 잘 간수했다. 그랬다가 손님이 오면 그 긴 천의 한쪽 끝을 아버지가, 다른 한쪽 끝은 내가 잡고 빨간 리본을 자랑스럽게 내보이곤 했다.

돼지들과 소는 이 상에 전혀 관심도 없었지만, 아버지는 상에 대한 관심만이 아니라 자부심까지 가지고 있었다. 이들 상이 아버지에게 자신의 중요성을 인정받게 했기 때문이다. 우리 조상들이 이 강렬한 욕구를 갖지 않았더라면 지금과 같은 인류 문명은 없었을 것이다.

정규교육을 받지 못한, 가난한 식료품 가게 점원을 분

발시켜, 사두었던 법률책을 짐짝 속에서 꺼내어 공부하게 한 것은 다름아닌 이 욕구에 대한 자각이었다. 이 점원이 바로 링컨이다. 영국의 위대한 소설가 찰스 디킨스에게 불후의 명작을 쓰게 한 것도, 19세기 영국의 건축가 크리스토퍼 렌에게 뛰어난 건축물을 남기게 한 것도, 록펠러에게 평생 써도 다 쓸 수 없는 부(富)를 쌓게 한 것도 모두 이 욕구였다.

우리 주변에서 흔히 볼 수 있듯 이 욕구는 돈많은 사람에게 필요 이상의 호화주택을 짓게 하고, 최신형 최고급 자가용을 과시하게도 한다. 이 욕구는 또한 많은 청소년들로 하여금 갱단 등 범죄집단 가입에 매혹당하게 하기도 한다. 이 사실에 대해서는 뉴욕 시경국장 멀루니의 말을 참조할 수 있다.

"청소년 범죄자들의 체포 후 최초의 요구는 자기를 영웅처럼 크게 다룬 신문을 보여달라는 거예요. 자기 얼굴이 베이브 루스나 아인슈타인, 린드버그, 루스벨트 등의 사진과 나란히 실린 것을 보면 전기의자에 대한 두려움마저 사라져버리는 것 같다니까요."

타인에 대해 알아보기 위해서는 그가 이 욕구를 만족시키는 방법을 살펴보면 된다. 존 록펠러의 경우 자기의 중요성에 대한 욕구를 위해 자기는 알지도 못하는 중국 빈민을 위해 북경에 현대식 병원을 세울 수 있는 기금을 기부했다. 이와 반대되는 경우로는 델린저를 들 수 있다.

그는 자기의 중요성에 대한 욕구를 위해 절도와 은행강도를, 나중에는 살인까지 했다. 결국 그는 경관에게 추격당하게 되었는데, 이때 미네소타의 한 농가로 뛰어들면서, "나는 델린저다! 너희들을 괴롭힐 생각은 없다. 나는 델린저다!"라고 외쳤다. 그는 자신의 중요성에 대한 욕구 충족을 위해 스스로 흉악범임을 과시했다. 이렇듯 델린저와 록펠러의 차이는 자기의 중요성에 대한 욕구를 위해 취한 방법의 차이에서 찾아볼 수 있다.

한 정신병리학 전문가에 의하면, 현실 세계에서 좌절, 자기의 중요성을 만족시킬 수 없는 사람 가운데는 정신이상을 일으키는 사람도 있다고 한다. 현실 세계 대신 환상의 세계에서 그 만족을 얻으려는 것이다.

미국에는 정신질환자가 다른 모든 질병을 합친 환자의 수보다 더 많다. 한 통계에 의하면, 뉴욕 주의 15세 이상 주민들 20명에 한 사람 정도가 7년 동안 정신병원에 격리되어 있는 상황이라고 한다.

정신이상의 원인을 보면, 정신질환자의 반 정도는 뇌조직의 장애, 알코올 중독, 외상 등 신체적 원인 때문이라고 한다. 그러나 나머지 반의 뇌세포에서는 고도의 현미경으로 뇌조직을 조사해 보아도 결함을 찾아낼 수 없다고 한다.

그들은 왜 정신질환에 걸렸을까? 나는 이에 대해 어느 정신병원 원장에게 알아보았다. 그는 정신질환 분야의 권위자인데도, 그런 경우 왜 정신이상을 일으켰는지 알 수 없다고 솔직하게 말했다. 그에 대한 정확한 이유는 아무도 모른다는 것이다. 원장은 현실 세계에서 충족될 수 없는 자기의 중요성에 대한 욕구 해결을 위해 미쳐버리는 사람이 많다는 것만은 확실하다고 덧붙였다.

"치료받고 있는 환자 중에 결혼에 실패한 여자가 한 사람 있어요. 그 여자는 환상적인 애정과 자랑스러운 아이들, 사회적 지위 등의 벅찬 기대 속에 결혼생활을 시작했어요. 그런데 현실은 그 기대를 짓밟아버렸지요. 남편은 그 여자를 사랑해 주지 않았어요. 아이도 태어나지 않았고, 사회적 지위도 만족스럽지 못했지요. 그 여자는 끝내 정신이상을 일으키고 말았어요. 그 여자는 남편과 이혼했는데, 광기의 세계에서 자기는 영국 귀족과 결혼했다고 믿고 있어요. 그래서 스미스 후작 부인이라고 불러주지 않으면 안된답니다. 그 여자는 밤마다 아기를 출산한다고 믿고 있지요. 진찰할 때마다 간밤에 아기를 낳았다고 말하고 있어요."

이것은 비극일까? 정신이상자들은 광기의 세계에서 보통 사람들보다 더 행복한 삶을 누리고 있지는 않을까? 그들은 스스로의 문제를 나름대로 잘 해결하고 있다. 마음이 내키면 인심 좋게 백만 달러짜리 수표를 끊어주고, 대통령 앞으로 소개장도 써줄 수 있다. 정신이상자는 스스로 창조한 환상의 나라에서 현실에서 소망하던 자기의 중요성을 찾아 한껏 즐기고 있는 것이다. 자기의 중요성에 대한 갈망의 정도가 너무 커 현실에서 좌절되었을 때, 광기의 세계에서라도 충족시키려 하는 것이 인간이다. 그렇다면 현실에서 이 소망을 채워주었을 때는 기적이라도 일으킬 수 있지 않을까?

연봉 100만 달러를 받은 사람은, 내가 알기로는 지금까지 2명, 곧 월터 크라이슬러와 찰스 슈와프이다. 먼저 슈와프, 강철왕 카네기가 왜 그에게 연봉 100만 달러, 하루에 3천 달러 이상의 급료를 지불했던 것일까? 슈와프가 천재여서? 제철의 최고 권위자였기 때문에?

슈와프는 그가 거느리고 있는 직원이 제철에 관해서는 자기보다 훨씬 더 잘 알고 있다고 했다. 그가 높은 급료를 받는 중요한 이유는, 그의 사람을 움직이는 탁월한 능력 때문이라고 했다. 그는 그 비결을 가르쳐주었는데, 그것이야말로 동판에 새겨 각 가정이나 학교, 상점, 사무실 등에 걸어두면 좋을 명언이었다. 아이들도 라틴어 동사변화나 브라질의 연중강우량 따위를 외우는 틈틈이 이 비결을 암기해둘 필요가 있다. 이를 활용하면 우리 인생에 크게 도움이 될 것이기 때문이다.

"내게는 사람의 열의를 불러일으키는 능력이 있습니다. 그건 내가 소유하고 있는 가장 중요한 재산이지요. 나의 비결은 단순하다면 아주 단순합니다. 그건 다른 사람의 장점을 북돋기 위해 칭찬과 격려를 하는 것입

니다. 윗사람으로부터 꾸중을 듣는 것만큼 사람의 향상심을 해치는 것은 없습니다. 나는 비난 대신 잘한 일이 있으면 진심으로 칭찬하고 아낌 없는 찬사를 보냅니다."

이것이 바로 슈와프의 비결이다. 그런데 우리들은 어떻게 하고 있는가? 대개는 슈와프와는 반대로 부정적인 행동을 하고 있다. 마음에 들지 않을 때는 마구 비난하고, 마음에 들 때는 아무 말도 하지 않는다.

"지금까지 세계 각국의 많은 사람들과 사귀어왔습니다. 그런데 어떤 사람이라도 잔소리보다는 칭찬을 들으면서 일할 때 뜨거운 열성을 기울이고 일의 능률도 오릅니다. 예외는 아직 한 번도 없었습니다."

이렇게 단언하면서 슈와프는, 실은 이것이 앤드류 카네기의 성공열쇠라고 말했다. 카네기는 공적인 자리에서만이 아니라 개인적인 자리에서도 직원들에 대한 칭찬을 아끼지 않았다. 카네기는 자기 묘비에까지 직원들에 대한 칭찬을 새겨 남기려 했다. 그가 스스로 쓴 묘비명은 "자기보다 슬기로운 인물을 가까이하는 방법을 알았던 사람이 여기 누워 있다."는 것이었다.

록펠러의 성공 비결은 진심으로 감사하는 마음으로 사람을 대하는 것이었다. 그 한 사례로, 록펠러에게는 에드워드 베드포드라는 동업자가 있었다. 베드포드는 남미에서 실패해 회사에 200만 달러의 손해를 입혔다. 그러나 록펠러는 베드포드가 최선을 다한 것을 알고 있었다. 더구나 이미 사건은 끝난 뒤였다.

"잘됐어. 그만큼 회수할 수 있는 것도 결코 쉬운 일은 아니네."

록펠러는 오히려 베드포드가 투자액의 60퍼센트까지 회수할 수 있었던 것을 감사했다.

비난 대신 칭찬이, 감사가 효과적인 것은 부부 사이에서도 마찬가지이다. 우리는 일생의 동지이자 짝인 아내 또는 남편에게 감사하다고 말하지 않는 것을 너무 당연하게 생각하고 있다. 다음은 부부 사이에서 감사하다는 말이 얼마나 효과있는가를 알려주는 사례이다.

나의 동료 한 사람의 부인은 교회의 자기계발 프로그램에 참여하고 있었다. 어느 날 그 부인은 남편에게, 평소 자기에 대해 불만스럽게 생각했던 점을 알려달라고 했다. 훌륭한 아내가 되기 위해 고쳐주었으면 하는 점을 여섯 가지만 적어달라는 것이다. 솔직히 그가 아내에게 고쳐주었으면 하고 바라는 건 여섯 가지보다 훨씬 많았다. 그러나 언뜻 아내가 자기에게 고쳐주었으면 하고 바라는 점은 천 가지도 넘을 것 같은 생각이 들었다.

"생각 좀 하고…… 내일 아침까지 적으리다."

다음 날 남편은 아침 일찍 일어나 화원에 전화를 했다. '당신에게 고쳐달라고 할 여섯 가지 일을 생각할 수 없었소. 나는 지금 당신 그대로의 모습을 사랑하오.' 하는 카드와 함께 붉은 장미 여섯 송이를 아내에게 보내달라고 부탁했다.

그날 저녁 집에 돌아온 남편을 눈물이 글썽한, 그러나 환한 얼굴의 아내가 맞아주었을 때, 그리고 아내와 같은 계발프로그램에 참여하고 있는 몇몇 여성들이 찾아와 "우리가 들은 사례 가운데 가장 사려깊은 대답이었습니다." 하는 말을 들려주었을 때, 나의 동료는 찬사의 힘이 얼마나 큰 것인가를 깨달았다고 한다.

한 시대를 사로잡았던 유명한 연극 「비엔나의 재회」에서 주연을 맡은 알프레드 런트는 "나에게 가장 필요한 영양소는 자기 평가를 높여주는 말이다." 라고 말했다.

그렇다. 우리 자신은 물론 아내나 자식, 친구 등의 육체를 위한 영양소에는 주의를 기울이지만, 그들의 활기찬 정신을 위한 영양소인 자기 평가에는 좀처럼 마음을 쓰지 않는다. 소고기나 감자를 먹도록 하여 체력을 북돋아주기는 하지만 상대방의 자기 평가를 높이기 위한 칭찬은 대개 잊고 산다. 언제까지나 기억에 남아 마음의 양식이 될 부드러운 칭찬에는 너무 인색하다.

독자들 중에는 불만스러워하는 사람도 있을 것이다.

"무슨 소리! 아첨을 하라고? 그래, 눈에 보이는 결점은 다 두고 찬사 따위나 늘어놓으라고? 그건 낡은 수법이야. 조금이라도 지각있는 사람에겐 아무 소용 없어!"

물론 아첨은 지각있는 사람에게는 어울리지 않는 천박하고 이기적인 것이며, 이익보다 해를 끼친다. 그러나 세상에는 칭찬에 굶주려, 걸신들린 인간이 풀이나 벌레 등 닥치는 대로 집어삼키는 것처럼 칭찬이건 아첨이건 가리지 않고 받아들이는 사람들이 많은 것 또한 사실이다. 그렇지만 엄밀하게 말하면 아첨은 거짓말이다. 칭찬과 아첨의 차이에 대한 설명은 간단하다. 칭찬의 말은 진실하며, 이타적이고, 누구에게나 환영받는다. 이에 비해 아첨은 입술에 발린 말이며, 이기적이고, 누구에게도 환대받지 못하며 오히려 비난을 받는다.

최근 나는 멕시코 시티에 있는 한 궁전을 방문한 적이 있다. 거기에 멕시코의 영웅 알바로 오브레곤 장군의 동상이 세워져 있었는데, 동상 하단에 "적을 두려워하기보다 감언이설로 아첨하는 친구를 두려워하라!"는, 살아 있을 때 장군의 좌우명이 새겨져 있었다. 나는 결코 감언이설을 권하고 있는 것은 아니다. 내가 권하는 것은 오직 '새로운 생활법' 바로 그것이다.

영국 국왕 조지 5세는 버킹검 궁전 그의 서재에 여섯 가지의 금언을 새겨놓았다. 그 가운데 하나만 살펴보자.

"값싼 칭찬은 하지도 말고 받지도 말라!"

아첨은 바로 '값싼 칭찬'이다.

미국의 사상가 랠프 에머슨은 아첨의 불필요성에 대해 이렇게 말하고 있다.

"하고 싶은 말을 하라. 인간은 어떤 말을 사용해도 본심을 속일 수는 없다."

만약 아첨이 모든 일에 유용하다면, 누구나 아첨을 하게 될 것이고, 우리 모두는 인간관계에 대한 전문가가 될 것이다. 그러나 에머슨의 말처럼, 아첨은 인간의 진실한 마음을 대신할 수 없다. 금방 드러나고 말기 때문이다. 에머슨은 또 이렇게도 말했다.

"내가 만난 사람들은 모두 각자의 뛰어난 장점을 지니고 있다. 그래서 나는 누구에게서라도 배운다."

에머슨 같은 사상가도 이러한데, 우리와 같은 보통사람들로서야 더 말할 것도 없다. 우리가 타인의 장점에서 배워야 할 점은 얼마나 많은가?

많은 사람들은 대부분의 시간을 자신에 관한 생각을 하면서 보낸다. 만일 우리가 자신에 대한 생각보다 가까운 사람의 좋은 점에 대해 생각해 보면 어떨까. 다른 사람의 장점을 알게 되면 생활하는 데 값싼 아첨 따위는 전혀 필요 없게 될 것이다. **거짓 아닌 진심으로 타인을 칭찬하도록 하자. 슈와프와 같이 진심으로 찬사를 보내고 아낌 없이 칭찬을 하자.**

당신에게 진지한 칭찬을 받은 사람은 마음깊이 간직해 평생토록 잊지 않을 것이다. 당신이 그 사실을 잊을지라도 그는 언제까지나 잊지 않고 소중히 간직할 것이다.

제 3 장
상대방의 잠재된 욕구를 불러일으켜라

 해마다 여름이 되면 나는 메인 주로 낚시여행을 떠나곤 한다. 나는 딸기와 아이스크림을 좋아하는데, 물고기는 지렁이를 좋아한다. 그래서 낚시갈 때, 나는 내가 좋아하는 것보다 물고기가 좋아하는 것을 먼저 챙긴다. 물고기들이 좋아하는 지렁이를 바늘에 꿰어 내밀고 "어서 드십시오." 하고 유혹한다.
 사람의 마음을 움직이려 할 때 이 고기낚는 법을 이용하면 어떨까? 영국의 수상 로이드 조지가 바로 이 방법을 이용한 사람이다. 제1차 세계대전 때 함께 활약한 연합국의 지도자 윌슨, 올란도, 클레망소 등은 벌써 전에 잊혀졌는데 윌슨 혼자 변함없이 그 권위와 명예를 누리고 있었다. 비결에 대해 질문받자, 그는 낚싯바늘에 물고기가 좋아하는 것을 달아두는 법을 배웠기 때문이라고 간단하게 대답했다.

세상사람은 모두 자기가 좋아하는 것에만 관심을 가진다. 그러나 자기가 좋아하는 것은 가능한 한 잊도록 하라. 자기 외에는 아무도 그것에 흥미를 갖지 않는다. 사람을 움직이는 방법은, 그가 좋아하는 것에 대해 이야기하고, 좋아하는 것을 가질 수 있도록 가르쳐주는 것이다. 이 방법이 아니고는 사람을 움직일 수 없다.

만일 우리가 자기 아들에게 담배를 피우지 않게 하려면 설교 따위를 길게 할 필요가 없다. 단지 담배를 피우는 사람은 야구선수가 될 수도, 100미터 경주에서 이길 수도 없음을 확실하게 설명해 준다. 이 방법이 효과를 얻기 위해서는 물론 평소 아들의 장래 희망이 무엇인가를 알고 있어야 한다. 이 방법을 터득하고 있으면 아이들은 물론, 송아지까지도 마음대로 움직일 수 있다.

어느 날 에머슨과 그의 아들은 송아지를 외양간에 집어넣으려 잡아끌고 밀며 애를 쓰고 있었다. 이때 아버지와 아들은 자신들이 원하는 것만 생각하는 일반적인 실수를 저지르고 있었다. 그런데 송아지는 네 발로 버티고 서서 꼼짝도 하지 않았다. 송아지 역시 에머슨 부자와 같은 실수를 범하고 있었다.

이때 아일랜드 출신 가정부가 거들려고 왔다. 그녀는 논문이나 책을 쓸 줄은 모르지만, 적어도 이 일에는 에머슨보다 현명했다. 송아지가 무엇을 원하고 있는지 알고 있었다. 송아지는 배가 고팠던 것이다. 그녀는 자기

손가락을 송아지의 입에 물려 빨게 하면서 외양간 속으로 끌어들였다.

인간의 행위는 그 무엇에 대한 자신의 욕구에서 비롯된다. 적십자사에 100달러를 기부하는 행위, 이 역시 이 법칙에서 벗어나지 않는다. 다른 사람을 돕고 싶다는 생각, 남을 위하는 아름다운 행위를 하고 싶다는 생각 때문이다.

"가난한 형제를 돕는 일, 그것은 곧 주님을 섬기는 일과 같다."

아름다운 행위로 인한 기쁨보다는 100달러가 더 낫다고 생각하는 사람은 기부 같은 행위는 절대 하지 않을 것이다. 물론 마지못해서거나 중요한 사람의 의뢰 때문에 기부를 하기도 한다. 그러나 그런 경우 기부를 한 사람은 다른 무엇인가를 원했던 것이 확실하다.

미국의 심리학자 오버스트리트는 그의 명저 『인간의 행위를 지배하는 힘』에서 다음과 같이 말한다.

"인간의 행위는 마음의 욕구에 따른다. 사업을 하거나, 가정 또는 학교에서, 그리고 정치계 등에서 사람을 움직이려 하는 사람은, 먼저 사람을 움직이는 최선의 방법은 상대방 마음속에 강한 욕구를 일으키는 것이라는 사실을 기억해야 한다. 그렇게 할 수 있는 사람은 많은 사람의 지지를 얻는 데 성공할 것이고, 그렇게 할 수 없는 사람은 한 사람의 지지자를 얻는 데도 실패할 것이다."

강철왕 앤드류 카네기도 처음에는 시간당 2센트의 급료를 받은 스코틀랜드 태생의 가난한 노동자였다. 그러한 그가 나중에는 사회 각 부문에 3억 6,500만 달러를 기부하기에 이른다.

무엇이 가난한 카네기를 이렇게 변화시킬 수 있었을까? 그는 젊었을 때 이미 사람을 움직이는 최선의 방법은, 그들이 원하는 바에 대해 이야기하는 것이라는 사실을 깨닫고 있었다. 4년의 학력이 전부였으나 그는 사람 다루는 방법을 알고 있었던 것이다.

남에게 무엇인가를 하게 하려면 지시하기에 앞서 스스로 '어떻게 하면 상대방에게 하고 싶은 마음이 일어나게 할 수 있을까?' 하고 물어볼 필요가 있다. 이런 질문은 우리가 쓸데없이 잔소리를 늘어놓으며 남에게 불필요한 설득을 하지 않아도 되게 할 것이다.

한때 나는 나의 강좌를 위해, 뉴욕 한 호텔의 큰 홀을 계절이 바뀔 때마다 20일 동안을 밤에만 빌리고 있었다. 계절이 바뀌어 다시 강좌가 시작될 무렵의 어느 날, 나는 사용료를 3배 가까이 올린다는 호텔측의 통지를 받았다. 그때는 인쇄가 끝난 티켓 예매가 진행되고 있었으며, 광고도 이미 나간 뒤였다.

물론 나는 일방적인 인상통고를 받아들일 생각이 없었다. 그러나 서둘러 나의 의사를 호텔측에 전한다고 해도 해결은 어렵다고 판단했다. 호텔측은 오직 호텔 자체 문제만 생각하고 있을 것이기 때문이다. 그로부터 한 이틀 쯤 지나 나는 호텔 지배인을 만나러 갔다.

"편지를 받았을 때는 다소 놀랐습니다. 그러나 당신을 비난할 생각은 없습니다. 내가 당신 입장이었더라도 그렇게 했을 것입니다. 지배인의 임무는 호텔 수익을 올리는 것일 테니까요. 함께 이번 사용료 인상문제가 호텔에 어떤 이익과 손해를 가져올지 살펴보지 않겠습니까?"

나는 종이 한 장을 꺼내 가운데 선을 긋고 '이익'과 '손해'의 난을 만들었다. 먼저 이익 쪽에 '큰 홀이 빈다'고 써넣고 얘기를 계속했다.

"비어 있는 홀을 댄스 파티나 집회용으로 빌려줌으로써 이익을 얻을 것입니다. 확실히 큰 이익을 올릴 수 있지요. 강좌용으로 빌려주는 것보다 훨씬 많은 사용료를 받을 수 있을 것입니다. 20일 동안 밤마다 큰 홀을 점령당하는 것은 호텔로서는 분명히 큰 손실입니다."

나는 잠시 말을 멈추었다 다시 이었다.

"다음은 손해쪽을 생각해 봅시다. 먼저, 강습회로 인한 수익이 없어지겠지요. 나는 내 강좌를 위해 다른 장소를 빌리는 쪽을 택할 테니까요. 그밖에 또 이 강좌에는 지식인들이 많이 참가합니다. 신문에 5천 달러의 광고를 낸다 해도 강좌에 참가할 필요도 없는데 그 사람들이 이 호텔을 보러오리라고 생각하십니까? 여기 손익표를 보고 잘 생각한 후 최종 회답을 들려주시오."

그 다음 날 나는 사용료를 3배, 곧 300퍼센트가 아닌 50퍼센트만 인상하겠다는 통지를 받았다. 이러한 결말에 이르기까지 나의 요구를 한마디도 하지 않았다는 사실에 유의하기 바란다. 처음부터 끝까지 상대방의 요구에 관해 얘기했을 뿐이다. 만일 내가 인간의 자연스러운 감정에 따라 지배인에게 다음과 같이 소리쳤다고 하자.

"티켓 인쇄도 끝나고 광고도 나간 지금 갑작스럽게 사용료를 3배나 올리다니, 이 무슨 경우 없는 짓이오? 세상에 그런 법이 어디 있소?"

이렇게 되었더라면, 서로 흥분한 상태에서 나온 결과는 말하지 않아도 뻔하다. 비록 상대방을 설득해 잘못을 깨닫게 한다고 하더라도 쉽게 물러서지 않을 것이다. 자존심이 허락지 않을 것이기 때문이다.

다음에는 자동차 왕 헨리 포드가 인간관계에 대해 말한 최상의 충고를 살펴보기로 하자.

"성공의 비결은 타인의 입장을 이해하고, 자기 입장과 아울러 타인의 입장에서 사물을 볼 수 있는 능력이다."

정말 옳은 말이다. 그러므로 몇 번이라도 되풀이 익혀 마음 깊이 새겨두기 바란다. 간단하고 명료해 누구에게나 알기 쉬운 말이지만, 대개의 경우 사람들은 이 말을 무심히 지나쳐버린다. 그러한 사례를 한번 살펴보자.

다음의 편지는 전국에 지사를 둔 어떤 광고회사의 방송부장으로부터 각 지방방송국장 앞으로 보내진 것이다.

문단 끝에 내 생각을 괄호 안에 적어놓았다.

　방송국장, 보시오.
　우리 회사는 라디오 광고를 대행하는 업자로서 언제나 최고의 회사가 되고자 염원합니다.
(당신 회사의 염원 따위 내가 알게 뭔가, 골치아픈 문제를 산더미처럼 안고 있는데. 집은 저당잡혀 있고, 주가는 폭락했소. 오늘 아침 통근차를 놓친데다 어젯밤에는 존스네 파티에 초대받지 못했고, 의사로부터는 고혈압과 신경통 위험선고를 받았소. 불쾌한 마음으로 사무실에 나오니, 자기네 회사 원하는 것만 늘어놓은 편지야! 자기 편지가 상대방에게 어떤 느낌을 주는지 알 수 없다면, 차라리 광고업 그만두고 세제나 만드는 것이 낫겠소.)
　우리나라 방송사업 발족 이래 우리 회사의 업적은 현저해 언제나 업계의 수위를 차지하고 있습니다.
(당신네 회사가 크고 최고라는데, 그게 어쨌다는 거요. 비록 당신네 회사가 제너럴 모터스와 제너럴 일렉트릭 두 회사를 합친 것보다 몇 배 크다고 해도 그 따위 아무러면 어때? 이쪽은 이쪽 회사 크기만 생각해도 벅차단 말이오. 하다못해 참새 절반만큼의 지능이라도 있다면 그 정도 사정은 알 법도 한데. 그 회사 자랑에 이쪽은 경멸당하고 있다는 생각이 들 뿐이오.)
　우리 회사는 최신 라디오 방송정보를 가지고 고객

에게 서비스할 수 있기를 염원하고 있습니다.

(또 당신의 염원, 어리석기는. 당신의 염원 따위 관심 둘 여가가 없소. 이쪽 염원은 도대체 어떻게 할 셈이오. 그것에 대해서는 한 마디도 없으니.)

덧붙여 말하고자 하는 것은, 우리 회사를 귀 방송국의 주간 방송정보를 발송해 주는 회사 리스트에 넣어주십시오. 대행업자에게 필요한 정보를 빠짐없이 알려주시면 방송시간을 예약하는 데 유용하게 쓰겠습니다.

(주제 넘긴! 제멋대로 자기 회사 자랑만 늘어놓더니, 이제 부탁한다는 말 한마디 없이 정보나 보내달라니, 이 무슨 똥단지 같은 소린가?)

귀 방송국의 최근 방송광고 현황과 함께 이 편지에 대해 빠른 답신 보내주시면 서로가 편리하겠습니다.

(바보 같은 친구, 이렇게 엉터리 편지를 보내놓고 빠른 답신을 달라니 정말 어처구니 없군. 다른 사람들도 당신과 마찬가지로 바빠요. 당신은 도대체 무슨 권리로 잘난 척 명령하는 것인가. 서로가 편리하다니, 마지막에야 겨우 이쪽 입장을 깨닫게 된 모양인데, 이쪽이 어떻게 편리하다는 건지, 도대체 알 수가 없네.)

추신 : 『블랭크빌 저널』의 사본을 동봉합니다. 귀 방송국에서 사용할 수 있었으면 좋겠습니다.

(추신에서야 겨우 '서로가 편리'하다는 뜻을 알 수 있군. 왜 편지 서두에 쓰지 않았지. 하긴 서두에 썼다 한들

효과가 없었을 것이지만. 이렇게 어리석은 편지를 보내는 광고업자라면 머리가 좀 이상할 게 분명한데, 당신에게 필요한 것은 이쪽의 방송광고 현황보고가 아니라 바보한테나 쓰는 약일 거요.)

타인에게 구매의욕을 유발하는 광고를 업으로 하는 전문가조차도 이렇게 전혀 상대방을 배려하지 않는 방식으로 편지를 쓰고 있다. 그러니 다른 직업의 사람들이 쓰는 편지는 말하지 않아도 짐작할 수 있을 것이다.
다음은 운송회사 수송계장이 강좌 수강자 에드워드 버밀렌 씨에게 보내온 편지이다.

에드워드 버밀렌 씨.
우리 회사에서 취급하는 화물의 대부분이 저녁시간대에 한꺼번에 몰리기 때문에 발송업무에 지장이 많습니다. 그 결과 직원들의 시간외 노동, 화물의 체증 및 수송지연 등의 문제발생이 불가피합니다.
지난 11월 10일 귀사의 510박스에 달하는 대량 화물이 도착한 때는 오후 4시 20분이었습니다. 그래서 여러 가지 문제발생을 피하기 어려웠습니다. 저희 회사는 이러한 불편을 피하기 위해 감히 귀사의 협력을 바라는 바입니다. 대량의 화물은 도착시간을 앞당겨주든지 오전중에 그 일부가 도착하도록 해주시기 바랍니다. 배려해 주신다면 귀사의 트럭이 기다리는 시간도 단축되고 화물도 즉시 발송될 것입니다.

그러나 버밀렌 씨는 이 편지에 대해 그 의도와는 달리 부정적이었다.

"이 편지는 서두부터 자기 형편만 얘기하고 있는데, 이쪽에선 전혀 흥미를 느낄 수 없다. 협력을 구하면서도 그로 인한 이쪽 불편은 무시하고 있다. 마지막에서야 협력해주면 이쪽에 이러이러한 이익이 있다고 한다. 그러나 정작 중요한 것이 뒤로 밀려나 있기 때문에 협력하고 싶은 마음이 일지 않는다."

이 편지를 자기 사정에만 마음쓰지 말고, 자동차 왕 포드의 말과 같이, 자기 입장과 아울러 남의 입장에서도 상황을 이해하는 데 유의하면서 다음과 같이 고쳐쓴다면 최상은 아니라도 적어도 앞의 것보다는 나을 것이다.

에드워드 버밀렌 씨, 안녕하십니까?

14년 이래 귀사의 변함 없는 성원에 깊이 감사드립니다. 한층 신속하고 효율적인 서비스로 성원에 보답하고자 합니다. 그러나 지난 11월 10일자와 같이 오후 늦게 한꺼번에 대량의 화물이 도착되면 죄송하오나 기대에 어긋나는 일이 생기기도 합니다. 다른 하주로부터도 오후 늦게 화물이 도착하는 경우가 많기 때문에 화물체증이 일어납니다. 그렇게 되면 어쩔 수 없이 귀사의 트럭을 기다리게 하거나 때로는 출하도 지체됩니다. 이는 지극히 유감된 일로, 이러한 사태를 피하기 위해서는 장애가 되지 않는 한 오전중으로 화물이 도착할 수 있도록 선처 바랍니다. 그렇게 된다면 귀사의 트럭도 기다릴 필요가 없고 화물은 즉시 출하될 것입니다. 또한 저희 직원들도 제때 퇴근해 귀사의 제품인 맛있는 마카로니로 저녁을 즐길 수 있을 것입니다.

언제나 신속하고 효율적인 서비스로 성원에 보답코자 하는 마음에서 이 글을 드리게 됩니다. 앞으로도 귀사의 화물은 비록 늦더라도 되도록 신속하게 처리하도록 전력을 다할 것입니다. 그 점 안심하시고, 바쁘실 것이오니 답신은 주시지 않아도 됩니다.

오늘도 수천 명의 세일즈맨이 충분한 수입도 얻지 못하고 실망과 피로에 지쳐 거리를 돌아다니고 있다. 왜 이렇게 되었을까? 그들은 언제나 자기가 원하는 것만을 생각하기 때문이다. 고객들은 별로 사고 싶은 생각이 없다. 사고 싶은 것이 있으면 직접 나가서 산다. 우리는 자기 필요를 해결하는 데 적극적이다. 만약 세일즈맨이 그들의 서비스나 상품이 우리의 필요에 긴요하다는 것을 보여줄 수만 있다면, 고객을 찾아다니며 팔려고 애쓸 필요가 없다.

세일즈맨은 고객에게 구매를 강요해서는 안된다. 고객들은 권유나 강요에 의해서가 아니라 자신의 자유의사로 사고 싶어하기 때문이다. 그럼에도 불구하고 대다수의 세일즈맨은 고객의 입장에서 생각하려고 하지 않는다.

몇 년 전 나는 뉴욕 시 주택가 포리스트 힐즈에 살고 있었다. 어느 날 아침 지하철역으로 급히 가는 도중이었다. 롱 아이랜드에서 오랫동안 부동산 중개업을 하고 있는 사람을 만났다. 그는 포리스트 힐즈의 사정을 잘 알고 있을 것이기 때문에 나는 내가 살고 있는 집의 건축 재료를 물어보았다. 그는 모른다고 대답하고 포리스트 힐즈 주택협회에 전화로 물어보라고 했다. 그 정도는 나도 알고 있었다. 그 다음 날 그로부터 한 통의 편지가 왔다. 어제와 같이 전화로 물어보라고 거듭 되풀이한 후 부동산보험에 가입해 달라는 부탁이 씌어 있었다.

이 부동산 중개업자는 내게 도움되는 일에는 관심이 없고, 자신한테 도움되는 일에만 관심이 있다. 그가 내게 도움되는 일에도 관심을 가졌더라면 나를 보험에 가입시키는 것은 물론, 그 분야에서 성공했을 것이다.

충분한 교육을 받고 지적인 직업에 종사하는 사람도 역시 이와 같은 실수를 저지른다. 나는 필라델피아에서 유명한 이비인후과 병원을 찾은 적이 있다. 그 의사는 나의 편도선을 보기도 전에 직업부터 물었다. 그에게는 편도선 증세보다 나의 호주머니 사정에 더 관심이 있었던 모양이다. 치료보다 돈벌이에 더 흥미를 가지고 있던 그는 결국 그만큼 손해를 보았다. 나는 그의 인격을 경멸해 그냥 나와버렸기 때문이다.

세상에는 이처럼 자신을 위한 욕망에 눈이 먼 인간들이 들끓고 있다. 그러므로 자기보다 타인을 위하여 봉사하는 소수의 사람들에게 세상은 매우 유리하다. 말하자면 경쟁자가 거의 없는 셈이다. 저명한 변호사이며, 미국 업계의 지도자인 오웬 영은 다음과 같은 말을 했다.

"타인의 입장에서 생각하고 타인의 마음의 움직임을 간파할 수 있는 사람은 장래를 걱정할 필요가 없다."

이 책을 읽은 뒤 당신이 타인의 입장에서 보고 생각하는 방법만 배워도 성공을 향한 첫걸음은 이미 내디딘 것이나 다름없다.

대학에서 버질을 읽고 미적분 이론을 배운 사람들도 자신의 마음이 어떻게 움직이는가에 대해서는 전혀 캄캄인 경우가 많다. 한때 나는 뉴저지 주 뉴워크 시에 있는 캐리어 냉난방기제조회사에서 효과적인 대화법에 대해 강의한 적이 있었다. 수강생들은 대학을 갓 졸업한 신입사원들이었다. 나는 그들 중 취미가 농구라는 한 젊은이를 지목해 동료들에게 농구를 권해 보라고 했다.

"나와 함께 농구를 합시다. 농구가 하고 싶어 몇 번이나 체육관에 가보았지만 인원이 부족해 다음으로 미룰 수밖에 없었어요. 한번은 두 사람밖에 없어 볼던지기를 했는데, 같이 하던 사람이 볼에 맞았어요. 그래서 그마저 할 수 없었습니다. 나는 정말 농구가 하고 싶어요. 내일엔 부디 체육관에 나와 함께 농구를 하기로 해요."

그는 농구를 권하고 있는 대상이 무엇을 하고 싶어하든 전혀 관심이 없다. 아무도 가고 싶어하지 않기 때문에 체육관은 비어 있다. 일부러 그곳에 가 볼에 맞는 봉변을 당하고 싶은 사람이 어디 있겠는가. 좀더 달리 표현해, 농구를 하면 체력이 강해지고 식욕도 왕성해진다고 솔깃한 마음이 나도록 할 수도 있었을 것이다.

여기서 우리는 오버스트리트 교수의 말을 다시 한번 되새겨보자.

"우선 다른 사람의 마음속에 강렬한 욕구를 불러일으키도록 하라. 그렇게 할 수 있는 사람은 만인의 지지자를 얻는 데 성공하고, 그렇게 할 수 없는 사람은 한 사람의 지지자를 얻는 데도 실패한다."

이 책을 읽은 독자는 누구나 이 말을 잘 기억해 두기 바란다.

제 2 부
상대방의 호감을 얻는 비결

제 1 장
상대방에 대한 순수한 관심을 가져라

 친구를 사귀는 법을 배우기 위해 책을 찾아 읽을 것까지는 없다. 이쪽에서 접근하면 꼬리를 흔들며 멈추어서고, 쓰다듬어주면 좋아 어쩔 줄 모르는 강아지가 바로 그 방면에서는 우리의 스승이다. 집이나 땅을 팔려 한다든가, 결혼해 달라는 등 다른 속셈이 있어 이와 같은 애정표시를 하는 것이 아니다.
 스스로의 생존을 위해 아무것도 하지 않고도 살 수 있는 동물은 오직 개뿐이다. 닭은 달걀을 낳고, 소는 우유를, 카나리아는 노래를 불러야 한다. 그러나 개는 오직 사람에게 애정을 바치는 것만으로 살아가고 있다.
 내가 다섯 살 때 아버지가 노란털의 예쁜 강아지 한 마리를 사오셨다. 당시 내게 그 강아지는 다른 무엇과도 바꿀 수 없는 기쁨이며 행복이었다. 내가 학교에서 돌아올 시간인 오후 4시 30분쯤이면 강아지는 앞뜰에서 초롱

초롱한 눈으로 길쪽을 지켰다. 그러다가 나의 목소리가 들리거나 내 모습이 언뜻 보이면 언덕배기까지 총알처럼 달려와 컹컹 짖다가 펄쩍펄쩍 뛰며 꼬리를 쳐댔다.

그로부터 5년 동안 강아지 티피는 나의 둘도 없는 친구였다. 그러던 어느 날 밤 티피는 내 가까이에서 벼락을 맞아 죽었다. 비극적인 티피의 죽음은 내 마음에 평생 잊혀지지 않는 슬픔을 남겼다.

티피는 심리학책을 읽은 적도 없었고, 또 그럴 필요도 없었다. 티피는 나의 관심을 끌려 하지 않고, 내게 순수한 관심만을 보였다. 상대방의 관심을 끌려 하는 것보다 상대방에게 순수한 관심을 보이는 편이 훨씬 효과적이라는 것을 티피는 본능적으로 알고 있었던 것이다. 친구를 사귀는 데도 상대방의 관심을 끌려고 하기보다는 상대방에게 순수한 관심을 보이는 일이 더 중요하다.

세상에는 타인의 관심을 끌기 위해 헛된 노력을 하면서도 그 잘못을 깨닫지 못하는 사람이 많다. 물론 아무 소용도 없는 일이다. 인간들은 대체로 남의 일에는 전혀 관심을 갖지 않는다. 하루내내 오직 자기 일에만 관심을 갖는다.

뉴욕시 전화회사에서는 전화 통화에서 가장 많이 사용되고 있는 말을 조사한 적이 있다. 그 통계에 따르면 전화 통화에서 가장 많이 사용되는 말은 '나'라는 일인칭 대명사였다. 무작위로 뽑은 500통화에 3,900회나 '나'란 말이 사용되고 있었다.

자기가 다른 사람들에게 어느 정도의 관심을 가지고 있는지 알고 싶은 사람은 다음의 질문에 대답해 보기 바란다.

"여러 사람과 함께 자기가 찍혀 있는 사진을 볼 때 제일 먼저 누구의 얼굴을 찾는가?"

다른 사람들에게 자기가 관심을 끌고 있다고 생각하는 사람은 다음의 질문에 대답해 보기 바란다.

"당신이 오늘 밤 죽는다고 가정해 보라. 몇 사람의 조문객이 장례식에 참가할 것 같은가?"

다음의 질문에도 대답하기 바란다.

"당신이 그 사람에게 관심이 없는데 그 사람이 어떻게 당신에게 관심을 가질 수 있겠는가?"

요령껏 남을 감탄하게 해 관심을 끌려고 해서는 결코 참다운 친구를 만들 수 없다. 참다운 친구는 그렇게 만들어지지 않는다.

비엔나의 유명한 심리학자 알프레드 아들러는 그의 저서 『당신 인생의 의미는 무엇인가』에서 다음과 같이 말하고 있다.

"타인의 일에 관심을 갖지 않는 사람은 어려움 속에 고난의 삶을 살게 되며, 타인들에게도 큰 폐를 끼치게 된다. 인간의 모든 실패는 바로 그러한 사람들 사이에서 발생한다."

제2부 상대방의 호감을 얻는 비결 51

　이세상에 심리학책은 많다. 그렇지만 그 어느 책을 읽어봐도 이만큼 의미심장한 말을 찾기는 결코 쉽지 않다. 이 말은 되풀이해 음미해 볼 가치가 있다. 반드시 깊이 새겨보도록 하자.
　나는 뉴욕 대학에서 단편소설을 쓰는 법에 대한 강의를 들은 적이 있다. 그때 강사는 『골리어즈』지 편집장이었다. 그는 책상 위에 쌓인 많은 원고 속에서 무작위로 한 편을 집어들어 몇 군데만 훑어보아도 그 작가에게 타인에 대한 관심이 있는지 아닌지 알 수 있다고 했다.
　"작가가 다른 사람에 대한 관심을 갖지 않는다면 세상 사람도 역시 그 작가의 작품을 좋아하지 않습니다."
　편집장은 두 번이나 소설기법 강의를 중단한 채 되풀이해 다음 사실을 강조했다.
　"설교조는 피하고 싶지만, 이 말을 되풀이 강조하지 않을 수 없습니다. 소설가로서 성공하고 싶다면, 다른 사람에게 관심을 가질 필요가 있다는 것을 마음 깊이 새겨두기 바랍니다."
　소설쓰는 데에 다른 사람에 대한 관심이 필요하다면, 사람을 다루는 경우에는 그 몇 배의 관심이 필요하다는 점을 명심해야 할 것이다.
　나는 또 유명한 마술사 하워드 더스틴이 브로드웨이에 공연차 왔을 때 그를 만난 일이 있다. 그는 40년 동안 세계 각지를 순회하면서 공연했고, 6천만 명 이상의 관객이 그의 공연을 보았으며, 그는 200만 달러에 이르는 수입을 올렸다.

나는 더스틴에게 그의 성공 비결에 대해 질문했다. 학교 교육이 그의 성공과 아무 관계도 없다는 것은 명백하다. 그는 소년시절에 가출했기 때문이다. 어린 더스틴은 부랑자가 되어 몰래 화차에 타고 마른 풀더미 속에서 자며 구걸해 살았다. 정규교육을 받지 못한 그가 글자를 익힌 것도 화차 속에서 철도광고를 통해서였다.

이러한 더스틴이 마술에 타고난 재능을 가지고 있었던 것도 아니었다. 마술에 관한 많은 책들이 출판되어 있으며, 다른 마술사들도 이 정도의 마술은 다들 알고 있다.

그러나 더스틴에게는 다른 마술사가 흉내낼 수 없는 두 가지 장점이 있다. 첫째는 관객을 매혹하는 그의 사람됨됨이다. 그는 뛰어난 마술사로서 관객들의 심리를 잘 파악하고 있었으며, 몸짓이나 말씨, 표정 등 충분한 훈련을 쌓아 무대에서 1초의 착오도 없이 완벽하게 마술을 연출해 냈다. 둘째는 인간에 대하여 순수한 관심을 가지고 있다는 점이다.

대개의 마술사들은 관객을 보면 '음, 얼빠진 사람들이 많이 왔구먼. 이런 사람들 속이는 것은 식은 죽 먹기지.' 하고 생각한다. 그러나 더스틴은 이런 마술사들과 전혀 다른 태도를 보인다. 무대에 설 때 마음속으로 "나는 고객을 사랑한다."고 되풀이해 다짐한다는 것이다. 바로 이러한 그의 태도가 그를 세계 제일의 마술사로 성공하게 한 비결이다.

디어도어 루스벨트 대통령의 절대적 인기의 비밀도 인간에 대한 순수한 관심에 있었다. 시중드는 사람까지도 그를 흠모했다. 대통령의 시종이었던 흑인 제임스 아모스는 『시종의 눈에 비친 루스벨트 대통령』이라는 책을 쓰기도 했다. 그 책에 실린 일화 하나를 인용해 본다.

어느 날 아내가 대통령에게 메추라기가 어떤 새냐고 물었다. 아내는 메추라기를 본 적이 없었던 것이다. 대통령은 메추라기는 어떠어떠한 새라는 것을 입이 닳도록 말해 주었다. 그리고 나서 얼마 뒤 우리 집에 전화가 걸려왔다(아모스 부부는 오이스터 베이에 있는 대통령 관저 안의 작은 집에 살고 있었다). 아내가 전화를 받았다. 대통령이었다.

"지금 마침 그쪽 집 창밖에 메추라기가 한 마리 날아와 있으니 창문으로 내다보면 보일 거요."

이 작은 에피소드가 대통령의 인품을 잘 나타내 준다. 대통령이 우리 집을 지나칠 때는 우리 모습이 보이거나 보이지 않거나 반드시, "여어, 애니! 여어, 제임스!" 하고 친근하게 부르곤 했다.

이러한 주인을 좋아하지 않는 고용인은 이 세상에 아

무도 없을 것이다. 그에게 고용당한 사람이 아닌 누구라도 그를 좋아하지 않고는 견딜 수 없을 것 같다.

전대통령 루스벨트가 태프트 대통령 부처의 부재중에 백악관을 방문한 적이 있었다. 그는 그가 재임할 때부터 있던 직원들을 일일이 찾아다니며 만났다.

주방에서 요리하는 앨리스를 만났을 때 루스벨트는 반가운 얼굴로 물었다.

"앨리스, 지금도 옥수수빵을 굽고 있어요?"

"예, 그렇지만 지금은 우리들이 먹기 위해 이따금 구울 뿐이에요. 다른 분들은 아무도 드시지 않거든요."

앨리스의 대답에 루스벨트는 그것 참 안됐다는 듯이 눈을 끔벅이면서 말했다.

"아직 그 빵맛을 모르고 있군. 대통령을 만나면 그 맛이 어떻다는 걸 알려줘야겠는데!"

앨리스가 접시에 담아 내놓은 옥수수빵을 손으로 뜯어 입에 넣고 씹으면서 루스벨트는 대통령 집무실 쪽으로 걸어갔다. 도중에 정원사, 함께 일하고 있는 다른 일꾼들과 만난 루스벨트는 전과 다름없는 친근한 말씨로 한 사람 한 사람 이름을 불러가며 이야기를 나누었다.

사람들은 지금까지도 그때의 일을 떠올리며 가끔 감격스러운 얘깃거리로 삼는다. 40년 동안 백악관 수석 집사를 지낸 아이크 후버는 눈물까지 글썽이면서 그때의 일을 말했다.

"대통령이 바뀐 뒤로 2년 동안 이렇게 즐거운 날은 없었습니다. 우리는 모두 이날의 기쁨은 천만금을 주어도 바꿀 수 없다고 얘기들 했습니다."

내 경험으로는 이쪽이 진심으로 관심을 보이면 아무리 바쁜 사람이라도 필요한 관심과 협조를 얻을 수 있다. 그러한 한 예를 들어보자.

오래 전 나는 브루클린 예술·과학재단에서 소설작법 강의를 계획한 일이 있었다. 나는 당시 유명한 작가 캐더린 노리스, 패니 허스트, 아이다 타벨, 루퍼트 휴즈 등으로부터 유익한 경험담을 듣기 위해 그들을 브루클린에 모셔오기로 했다.

나는 곧, 당신의 작품을 애독하고 있으며, 직접 이야기를 들으면서 성공의 비결을 알고 싶다는 내용의 편지를 그들 앞으로 보냈다. 각 편지마다 150명 가량의 학생들이 서명을 했다. 바쁜 그들이 강연준비를 할 여가가 없을 것을 알고 있었기 때문에, 그들이 소설기법에 대해 말할 수 있도록 일련의 설문지를 만들어 함께 보냈다. 그 결과는 아주 좋았다. 작가들은 일부러 멀리 브루클린까지 찾아와 많은 도움을 주었다.

이와 같은 방식으로 루스벨트 내각의 재무장관 레슬리 쇼와 태프트 내각의 법무장관 조지 위커샴, 윌리엄 제닝스, 브라이언, 프랭클린 루스벨트 등 여러 유명인사들을 내 강좌에 초대해 강연을 할 수 있었다.

좋은 인간관계를 만들고 싶다면 먼저 타인을 위해 자기의 시간과 노력을 아낌없이 바쳐야 한다. 작은 일이지만 자연스럽게 상대방의 생일을 알아내, 해가 바뀔 때마다 탁상용 달력에 표시를 해둔다. 그리고는 생일에 축전이나 축하 편지를 보내면 상대방은 매우 기뻐한다. 이렇게 하는 것은 좋은 관계를 위해 사람들에게 깊은 감동을 줄 수 있는 참으로 효과적인 방법이다.

그리고 사람을 만날 때는 성의있는 태도를 보여야 한다. 전화가 걸려왔을 때도 성실한 마음으로 전화를 받는 것이 매우 기쁘다는 심정을 충분히 전해야 한다. 뉴욕 전화회사에서는 교환원들이, "예, 번호를 말씀해 주세요."라는 말에, "안녕하셨습니까, 전화를 이용해 주셔서 감사합니다."라는 말을 곁들이는 훈련을 하고 있다. 이러한 방식을 사업에 응용하면 어떨까? 물론 큰 도움이 될 것이다.

기원전 100년 로마의 시인 파브릴리우스 시루스는 다음과 같이 말하고 있다.

"우리는 자기에게 관심을 보여주는 사람에게 관심을 보인다."

그렇다. 사람의 호감을 사는 첫번째 방법은 상대방에게 순수한 관심을 보이는 것이다.

제 2 장
항상 웃음과 함께 하라

 언젠가 나는 뉴욕에서 열린 어느 만찬회에 초대받은 적이 있었다. 그때 손님 중에 막대한 유산을 상속받은 한 여성이 있었는데, 그녀는 모든 사람에게 좋은 인상을 주기 위해 많은 배려를 한 것 같았다.

 호화로운 검은 담비가죽 목도리와 다이아몬드, 진주 등 값비싼 장신구로 치장하고 있었다. 그러나 얼굴에 드러난 본성은 감출 수 없었다. 그녀의 얼굴에는 심술과 자만심이 그대로 드러나 있었다. 몸에 걸치는 의상 또는 장신구보다 얼굴에 나타나는 표정이 여성에게 얼마나 중요한지에 대해 그녀는 전혀 알지 못하고 있었다.

 순간 나는 찰스 슈와프를 생각했다. 그는 자기 미소는 백만 달러짜리라고 말하곤 했는데, 아마 막대한 유산 상속녀와는 달리 얼굴에 나타나는 표정의 중요성을 알고 있었던 것 같다. 그가 온갖 어려움을 극복하고 성공한 것은 오로지 그의 인품과 매력, 남에게 호감을 사는 능력 등이었다. 특히 매혹적인 미소는 그의 인품을 이루는 훌륭한 요소로, 언제나 "나는 당신을 좋아합니다. 만나뵙게 되어 반갑습니다." 하고 말하는 것 같다.

개들이 사람들에게 사랑받는 것도 바로 이러한 이유 때문이다. 개들은 우리를 보면 꼬리를 치며 반가워 어쩔 줄 모른다. 그래서 우리도 개를 보면 반가운 마음이 든다. 아이들의 미소에도 이와 같은 효과가 있다. 그러나 마음에도 없는 미소에는 아무도 속지 않는다. 기계적인 미소에는 오히려 역겨움을 느끼게 된다. 나는 지금 참다운 미소, 마음으로부터 우러나오는 미소, 천금의 가치를 지닌 미소에 대해 말하고 있다.

뉴욕의 백화점에 근무하는 한 관리자는 백화점 점원으로서의 조건에 대해 확고한 신념을 가지고 있었다. 진지한 얼굴의 대학원 출신보다 초등학교도 제대로 졸업하지 못했더라도 사랑스러운 미소를 지닌 여성이 훨씬 낫다는 것이다. 우리가 인간관계를 맺고 있는 사람이 즐거워하기를 바란다면 먼저 자기 자신이 그와의 관계에서 즐거움을 찾을 줄 알아야 한다.

나는 내 강좌를 듣는 많은 청강생들에게 1주 동안 1시간에 한 번씩 누군가에게 미소를 지어보이고, 그 결과를 강좌에서 발표하도록 한 일이 있다. 그 결과 많은 사례들이 발표되었고, 그 가운데 한 가지 사례를 살펴보겠다.

지금 소개하는 것은 뉴욕에 살고 있는 증권중개인 윌리엄 스타인하트가 발표한 사례이다.

나는 결혼한 지 18년이 넘었지만 아침에 일어나 출근할 때까지 아내에게 웃는다거나 다정한 말을 건넨 적이 없는 사람입니다. 그러나 발표를 해야 했기 때문에 1주 동안만 미소와 함께할 생각이었습니다.

다음 날 아침 식탁에 앉을 때, 나는 아내에게 "여보, 잘 잤소?" 하면서 미소지어 보였습니다. 미소를 지어 보일 때 상대방이 깜짝 놀랄지도 모른다고 하더니, 정말 아내의 반응은 심한 충격 그것이었습니다. 그렇게 하기 시작한 지 두 달 만에, 일찍이 경험한 적이 없는 커다란 행복이 우리 집에 찾아왔습니다.

이제는 매일 아침 출근할 때마다 아파트 관리인에게 미소로 인사하고 있습니다. 지하철 창구에서 잔돈을 거슬러받을 때도 역시 미소를 지어 보입니다. 증권거래소에서도 지금까지 나의 웃는 표정을 본 적이 없는 사람들에게 미소를 지어 보입니다.

지금은 모두가 나에게 미소로 답하고 있습니다. 불만을 터뜨리는 사람에게도 나는 밝은 태도로 대합니다. 상대방의 주장에 귀를 기울이면서 미소를 잃지 않으면 문제해결은 훨씬 쉬웠습니다.

나는 한 젊은이와 공동으로 사무소를 사용하고 있

습니다. 요즈음 나는 그 젊은이에게 인간관계에 관한 얘기를 하곤 합니다. 그는 나를 무뚝뚝한 사람으로 알고 있었으나, 최근에는 달리 생각하게 되었다고 솔직하게 말했습니다. 그리고 웃는 내 얼굴이 인간적으로 보인다고도 했습니다.

미소짓는 외에 나는 또 한 가지의 결심을 했습니다. 나는 남의 험담을 하지 않기로, 험담 대신 칭찬을 하기로 했습니다. 그리고 내가 원하기 전에 먼저 상대방의 입장에서 생각하려 애썼습니다. 얼마 되지 않아 내 생활에는 거의 혁명에 가까운 변화가 일어났습니다. 수입도 늘고 대인관계도 원만해진 나는 전과는 전혀 다른 사람이 되었습니다. 인간으로서 이 이상의 행복을 바랄 수는 없다고 생각합니다.

미소의 효과를 충분히 인정하면서도 미소짓기가 어려울 경우에는 어떻게 할 것인가. 이러한 경우를 위한 방법에는 두 가지가 있다. 먼저 무리하게라도 웃어 보인다. 혼자 있을 때는 휘파람이나 콧노래를 불러 늘 행복하고 유쾌한 기분을 유지한다. 이미 행복한 것처럼 행동하면 정말 행복해지기 때문이다. 이에 대해서는 심리학자이며 철학자인 윌리엄 제임스의 주장을 들어보기로 하자.

"행동은 감정에 따라 일어나는 듯싶지만, 실제로 행동과 감정은 함께 진행된다. 그러나 행동은 의지로 통제할 수 있지만 감정은 그렇게 안된다. 다만 감정은 행동으로 간접 조정을 할 수 있다. 따라서 쾌활함을 상실했을 때 최선의 방법은 쾌활한 듯 행동하고 지껄이는 것이다."

세상사람들은 모두 행복하기를 원한다. 그 행복을 찾아내는 방법에는 한 가지가 있다. 그것은 자기 마음을 조정하는 방법을 찾아내는 일이다. 행복은 재산, 지위, 직업 등의 외적 조건에 의해 얻어지는 것이 아니다. 오히려 마음가짐에 따라 좌우된다.

무엇을 행복이라고 또 불행이라고 생각하는가. 이때 마음가짐이 행복과 불행의 갈림길이 된다. 가령 같은 장소에서 같은 일을 하고 있어도, 한 사람은 불행하다고 느끼는 데 비해, 다른 한 사람은 행복하다고 느끼는 경우가 있다. 서로 마음가짐이 다르기 때문이다.

"대부분의 사람들은 현재의 조건에서도 마음가짐에 따라 행복하게 될 수 있다."

링컨의 이 말은 옳다. 언젠가 나는 이 말을 뒷받침할 수 있는 감격스러운 모습을 목격한 적이 있다. 내가 뉴욕에 있는 롱아일랜드 역 계단을 오르고 있을 때, 바로 앞에서 다리가 불편한 3, 40명의 소년들이 의족에 의지해 계단을 오르고 있었다. 한 소년은 아예 누군가에게 업혀 있었다. 그런데 놀랍게도 그 소년들은 쾌활했다. 나는 그들을 인솔하고 있던 사람에게 물었다.

"물론 처음에는 저 아이들도 자신이 불구로 살아야 한

다는 것을 충격으로 받아들였겠지요. 그러나 자신의 운명을 받아들인 뒤엔 오히려 쾌활하게 지낸답니다."

나는 그 소년들에게 마음으로부터 머리를 숙였다. 그들은 내게 평생 잊을 수 없는 교훈을 준 것이다.

수필가이며 출판업자이기도 한 앨버트 하버드는 우리에게 지혜로운 충고를 하고 있다. 그러나 그의 충고는 실제로 활용하지 않고는 아무 소용 없다.

밖에 나올 때는 언제나 턱을 당겨 머리를 반듯하게 세우고 크게 호흡한다. 친구에게는 웃는 얼굴로 대하고 악수는 할 때마다 정성을 들인다. 오해받을까 쓸데없이 걱정하지 말고, 경쟁자에게 마음쓰느라고 단 1분 1초도 헛되이 말라.

하고 싶은 일을 마음속에 분명히 하고 목표를 향해 똑바로 나아가며, 언제나 자신이 하고 싶은 위대하고 보람있는 일을 생각한다. 그러면 시간이 흐름에 따라 자신도 모르는 사이에 목적 달성을 위한 기회가 자기 손 안에 있음을 느끼게 될 것이다. 마치 산호충이 흐르는 조류로부터 영양분을 섭취하는 것과 같다. 언제나 마음속에 유능하고 정직하며 지혜로운 인물을 떠올리며 가까이한다. 그러면 점차 자신이 그러한 인물이 되어가고 있음을 알 수 있게 될 것이다.

마음의 움직임은 기묘하다. 올바른 정신상태, 곧 용

기, 솔직, 명랑함을 지속시키도록 하라. 올바른 정신 상태는 뛰어난 창조력을 지니며, 진심에서 우러나온 소원은 모두 이루어진다. 지속적으로 마음에 품고 있는 일은 이루어진다. 그것이 바로 인간이다.

예로부터 중국인은 처세에 능했는데, "미소지을 줄 모르는 인간은 장사를 해서는 안된다."는 그들의 격언이 있다. 이 격언은 실제적으로 옳으며 가치가 있다. 미소는 호의를 전달하는 매체이다. 또 이를 전해받는 이들의 인생을 빛나게 해준다.

프랭크 어빙 플래처는 한 백화점 광고문에서 평범하지만 빛나는 철학을 말하고 있다.

크리스마스의 미소

미소는 아무런 밑천도 들이지 않고 그 이익은 대단히 큽니다. 미소는 받는 사람의 마음을 풍족하게 하며, 베풀어도 줄지 않고 베푼 자는 더욱 풍부해집니다. 미소는 순간이지만, 때로 미소에 대한 기억은 영원히 지속되기도 합니다. 미소 없이 살아갈 수 있을 만큼 풍족한 부자는 없고, 미소의 풍요로움을 누리지 못할 만큼 가난한 사람도 없습니다.

미소는 지친 사람에게는 안식이, 실의에 잠긴 사람에게는 빛이, 슬픔에 겨운 사람에게는 태양이, 괴로움에 짓눌리는 사람에게는 해독제가 됩니다. 이렇듯 미소는 모든 문제를 해결하는 자연의 묘약입니다.

그러나 미소는 돈으로 살 수도, 구걸할 수도 없습니다. 빌릴 수도, 훔칠 수도 없습니다. 미소는 누구에게 주어야만 비로소 가치가 있기 때문입니다.

만일 크리스마스 쇼핑의 혼잡 때문에 저희 판매원들 가운데 누군가가 너무 지쳐 미소를 보내드리지 못하면 그들에게 당신의 미소를 보내주시지 않겠습니까? 많은 미소를 나눈 나머지 더이상 나눌 미소가 없는 이들이야말로 누구보다 더 미소가 필요하기 때문입니다.

제 3 장
이름을 부르는 마법을 실천하라

 1898년 겨울, 뉴욕 주 로클랜드에 있는 작은 마을에 불행한 사건이 일어났다. 꽁꽁 언 땅 위에는 눈이 뒤덮여 있었고, 바람은 매섭게 찼다. 한 어린아이가 죽어 마을사람들은 장례식 준비를 하고 있었다.

 짐 팔리도 장례식에 가기 위해 마구간에서 말을 끌어내고 있었다. 고삐를 잡아당겼지만, 날씨 탓인지 말은 선 자리에 못박힌 채 꼼짝도 하지 않았다. 짐이 말엉덩이를 쓰다듬으며 몰아내려 하자 난폭하게 걷어차, 말의 뒷발에 걷어채인 짐은 그만 목숨을 잃고 말았다. 그래서 이 작은 마을에서는 연거푸 장례식을 치르게 되었다.

 짐 팔리는 아내와 세 명의 아들, 그리고 약간의 보험금을 남겼을 뿐이다. 큰아들 짐 팔리는 열 살의 어린 나이로 학교도 그만둔 채 벽돌공장에서 일해야만 했다. 모래를 나무틀에 부어 만든 벽돌을 햇볕에 말리는 것이 그의 일이었다. 힘든 일이었지만 부지런했고, 타고나기를 쾌활한 짐은 누구에게나 호감을 샀다.

뛰어난 기억력을 가진 짐은 사람의 이름을 외우는 데 비상한 능력을 발휘했다. 고등학교에는 가본 적도 없는 그였으나, 정치계에 진출하게 되었다. 46세가 되었을 때는 4개 대학에서 학위를 받았고, 이어 민주당 전국위원장이 되었으며, 체신부장관을 역임하기까지 했다.

짐 팔리와 회견했을 때 나는 그의 성공비결을 물었다. 그는 한마디로 대답했다.

"근면이지요."

"그것만이 아니시겠지요?"

내 말에 그는 도리어 나의 의견을 물었다.

"그럼 당신은 나의 성공비결이 뭐라고 생각합니까?"

"당신은 1만 명의 이름을 기억한다고 들었습니다만."

그는 빙긋 웃으며, 나의 말을 정정했다.

"아니, 5만 명입니다."

팔리는 바로 이러한 능력으로 1932년의 미국 대통령선거전에서 선거운동을 성공적으로 이끌어 프랭클린 루스벨트 당선에 크게 기여했다. 그는 태어난 작은 마을의 관청에 근무할 때와 석고회사의 세일즈맨으로 근무할 때, 사람 이름을 기억하는 방법을 연구해 냈다. 이 방법은 처음에는 극히 간단했다. 새로 만나는 사람에게 성명, 가족, 직업, 그리고 정치에 관한 의견 등을 물어 머리속에 기억해 두었다. 그러면 비록 1년 후에 만날지라도, 그 사람의 어깨를 두드리며 아내나 아이들의 얘기를 묻거나 마당에 있는 나무 이야기까지 할 수 있었다. 이렇게 하는데 그의 지지자가 늘지 않을 수 없었다.

프랭클린 루스벨트가 대통령에 출마하기 몇 달 전부터 팔리는 하루 수백 통의 편지를 서부 및 서북부 주의 주민들에게 보냈다. 그런 다음 19일 동안 서부 및 서북부의 20여 주를 방문했다. 이때 순회코스는 1만 2천 마일로, 마차와 기차, 자동차 등 모든 교통편을 이용했다. 한 지역에 도착하면 바로 지역사람들과 식사나 차 등을 같이하며 마음을 터놓고 대화를 나누었고, 그곳에서 끝나면 또 다른 지역으로 가야 하는 바쁜 일정이었다.

강행군 끝에 동부로 돌아온 그는 자기가 돌아온 지역 대표자들에게 편지를 보내 모임에 참석한 사람들의 명단을 보내줄 것을 의뢰했다. 이렇게 해 그의 손에 들어온 이름은 수만 명에 이르렀다. 명단에 실린 사람은 빠짐없이 민주당 전국위원장 짐 팔리로부터 다정한 편지를 받았다. 그 편지는 친애하는 '빌'이라든가 친애하는 '제인'으로 시작해 마지막에는 '짐'이라 서명되어 있었다.

사람들은 남의 이름 따위에는 관심이 없지만, 자기 이름에는 크게 관심을 가진다는 것을 짐 팔리는 일찍부터 알고 있었다. 상대방의 이름을 기억하고 불러주는 것, 이것은 아첨보다 몇 배의 효과를 낼 수 있다. 거꾸로 상대방의 이름을 잊거나 틀릴 때는 돌이킬 수 없는 사태를 만들기도 한다.

앤드류 카네기의 성공비결 역시 이 방법을 응용하고 있다. 카네기는 강철왕이라 불리고 있으나, 그 자신은 강철제조에 관해 거의 아는 바가 없었다. 다만 강철제조에 대해 잘 알고 있는 수백 명의 전문가들을 고용하고 있을 뿐이다. 강철왕 카네기는 그 대신 사람 다루는 법을 알고 있었다. 그것이 그를 강철왕으로 만들었다.

카네기는 어릴 때부터 조직을 운영하고 통솔하는 재능을 보였다. 그는 열 살 때 이미 인간은 자기 이름에 관심이 많다는 것을 알았으며, 이를 이용해 타인의 협력을 얻는 데 성공했다.

스코틀랜드에서 어린 시절을 보낸 카네기는 어느 날 토끼를 잡았는데, 그 토끼는 새끼를 배고 있었다. 얼마 후 여러 마리의 새끼토끼들이 태어났고, 차츰 자라나자 먹이가 모자랐다. 그때 마침 기발한 생각이 떠올랐다. 이웃아이들에게 토끼풀을 많이 뜯어온 사람의 이름을 새끼토끼에게 붙여준다고 광고했다. 이 계획은 성공적이었다. 카네기는 이때 일을 결코 잊지 않았다. 훗날 이러한 인간 심리를 사업에 응용해 거액의 부를 얻었다.

카네기가 펜실베이니아 철도회사에 레일 납품을 위해 애쓰고 있을 때였다. 당시 철도회사 사장은 에드거 톰슨이었는데, 카네기는 피츠버그에 거대한 제철공장을 세워

'에드거 톰슨 제철소'라고 이름붙였다. 펜실베이니아 철도회사가 레일을 어디서 구입했을 것인가는 물어볼 필요도 없을 것이다.

조지 풀먼과 침대차 판매로 서로 불꽃튀는 경쟁을 하고 있을 때도 강철왕은 소년시절 토끼에 얽힌 교훈을 떠올렸다. 카네기가 경영하고 있는 센트럴 회사와 풀먼의 회사는 유니언 퍼시픽 철도회사에 침대차를 팔기 위해 경합을 벌이고 있었던 것이다. 카네기와 풀먼은 유니언 퍼시픽의 수뇌부를 만나기 위해 뉴욕으로 갔다. 어느 날 밤, 이 두 사람은 세인트 니콜라스 호텔에서 마주쳤다. 카네기가 먼저 말을 건네었다.

"안녕하십니까, 풀먼 씨? 우린 참으로 어리석은 짓을 하고 있는 것 아닙니까?"

"무슨 말씀입니까?"

풀먼의 물음에 카네기는 전부터 마음먹고 있던 생각을 털어놓았다. 그것은 두 회사의 합병안이었다. 서로 반목하기보다 제휴하는 편이 최선임을 설득했다. 주의깊게 듣고 있던 풀먼이 물었다.

"새 회사의 명칭은 어떻게 할 것이오?"

카네기는 즉석에서 흔쾌하게 대답했다.

"물론 풀먼 파레스 차량회사로 하죠."

풀먼은 금세 얼굴빛이 환해지며 말했다.

"내 방으로 가 조용히 상의합시다."

이 협상은 미국 공업사에 새로운 장을 열게 했다.

이와 같이 친구나 거래관계자의 이름을 존중하는 것이 카네기 성공비결 중의 하나였다. 그는 자기 회사에서 일하는 많은 노동자들의 이름을 기억하고 있는 것을 자랑으로 여겼다. 그리고 그가 운영하고 있는 동안에는 단 한번의 파업도 일어나지 않으리라고 자신했다.

많은 사람들은 자기 이름에 애착을 가지고 있으며, 이를 후세에 남기고 싶어한다. 지금부터 200년 전의 부자들은 저자에게 돈을 지불하고 '책을 아무개에게 바친다'고 자기의 이름을 책에 적게 했다. 도서관이나 박물관의 호화로운 수장품에는 자기 이름을 세상에서 잊혀지지 않게 하고 싶은 사람들이 기증한 것이 많다.

그런데 대부분의 사람들은 남의 이름은 별로 잘 기억하지 않는다. 바빠서 기억할 수 없다는 것이 그 이유다. 아무리 바빠도 프랭클린 루스벨트 대통령보다 더 바쁜 사람은 없을 것이다. 루스벨트 대통령은 우연히 마주친 한 기계공의 이름까지 기억하고 있었다.

크라이슬러 자동차회사는 휠체어를 사용하는 루스벨트 대통령을 위해 특별 자동차를 제작했다. 챔벌린은 기계공과 함께 그 차를 가지고 대통령 관저로 갔다. 챔벌린은 그때 일을 다음과 같이 적고 있다.

나는 루스벨트 대통령에게 많은 특수장치가 부착된

자동차 조정법을 가르쳐드렸는데, 대통령은 내게 훌륭한 인간 조정법을 가르쳐주었습니다.

백악관을 찾았을 때 대통령은 매우 유쾌한 태도였으며, 내 이름을 불러주어 친근하고 편안한 기분이 되었습니다. 대통령은 내가 보여드릴 차에 대해 깊은 관심을 보여 감동적이었습니다. 그 차는 두 손만으로 조종할 수 있게 된 것이었습니다. 내 설명에 진심으로 흥미를 가진 대통령은 말했습니다.

"훌륭하군. 그저 버튼을 누르는 것만으로 자유롭게 조정할 수 있다니, 정말 대단해. 어떤 장치로 되어 있는지 분해해 한번 속을 들여다보고 싶군."

대통령은 특이한 차를 구경하기 위해 모여들어 칭찬을 아끼지 않는 사람들 앞에서 내게 거듭 고맙다는 말을 했습니다.

"챔벌린 씨, 이 훌륭한 차를 만들기 위해 당신이 애쓴 시간과 노력에 감사드립니다. 정말 대단합니다."

대통령은 라디에이터, 특별히 만들어진 백미러와 시계, 조명기구, 차내장식, 운전자의 좌석 위치, 대통령의 이름 첫글자를 새긴 트렁크의 옷가방 등, 내가 정성들인 부분을 하나도 놓치지 않고 감탄했습니다. 대통령은 부인과 노동부 장관 파킨스 여사 등 주위사람들에게 이들 장치를 설명하면서 거듭 감탄했습니다.

"조지, 이 특제가방은 각별히 조심해 다뤄야겠어요."

일부러 나이 지긋한 흑인 경비원을 불러 자랑하기까지 했습니다. 운전교육이 끝나자 대통령은 내게 양해를 구하듯 말했습니다.

"챔벌린 씨, 내가 연방준비위원회 사람들을 30분이나 기다리게 했군요. 이제 거기 가봐야 할 것 같소."

그러면서 대통령은 백악관에 도착했을 때 소개된 기계공을 찾았습니다. 수줍은 성격인 기계공은 그때까지 대통령께 말 한마디 하지 않았고, 대통령은 맨처음 소개할 때 그의 이름을 한번 들었을 뿐이었습니다. 그런데 그의 이름을 부르면서 악수를 하고 치하했습니다. 더구나 그 말씨가 형식적이 아니라 진심에서 우러나오는 것임을 느낌으로 알 수 있었습니다.

뉴욕으로 돌아온 며칠 후, 나는 대통령의 친필 사인이 든 사진과 나의 도움에 다시 한번 감사한다는 감사장을 받았습니다. 대통령이 이렇게까지 마음을 쓸 수 있다니, 참으로 놀랍고 감탄스러울 뿐이었습니다.

루스벨트 대통령은 타인에게 호감을 주는 가장 간단하고도 확실한 방법을 체득하고 있었다. 그것은 이름을 기억해 그들에게 자신감을 갖게 하는 것이었다. 대인관계의 기본이 되는 이 원칙을 알고 있는 사람이 과연 얼마나 되며, 이를 실천하는 사람은 또 얼마나 될까? 실제로 우리 중 많은 사람은 처음 만나는 사람과 잠깐 얘기하고 나서 헤어질 때 그 이름을 잘 기억하지 못한다.

특히 정치인은 타인의 이름을 기억하는 능력이 뛰어나야 한다. 선거인의 이름을 기억하는 것, 그것은 곧바로 정치적 생명과 연결되기 때문이다. 선거인의 이름을 잊어버리는 것은 그 자신이 잊혀진다는 뜻이기도 하다. 이름을 기억하는 능력은 정치의 경우에 못지 않게 사업이나 사교모임에도 중요하다.

프랑스 황제이며 나폴레옹 1세의 조카인 나폴레옹 3세는 소개받은 사람의 이름을 모두 기억하고 있다고 장담하곤 했다. 그가 사용한 방법은 매우 간단했다.

상대방의 이름을 분명히 알아들을 수 없을 때는, "미안하지만 한번 더 말씀해 주십시오."라고 부탁한다. 만약 그 이름이 좀 이상하거나 특이하다고 생각되면, "어떻게 씁니까?"라고 철자법까지 묻는다. 대화를 하는 동안에도 몇 번이고 상대방의 이름을 되뇌이면서, 이름과 사람의 얼굴이나 표정 등을 연결시킴으로써 전체적 특징을 기억한다. 혼자 있게 되면 곧 종이에 이름을 적어놓고 응시하면서 특징을 떠올린다. 웬만큼 기억되었다고 생각되면 종이를 찢는다. 이렇게 나폴레옹은 귀를 통해서만이 아니라 눈을 통해서도 자기에게 필요한 이름을 기억했다.

이렇게 하는 데는 꽤 시간이 걸리지만, "좋은 습관은 약간의 희생을 치름으로써 만들어진다."는 에머슨의 충고에 귀를 기울일 필요가 있다. 이름을 기억하고 사용하는 일은 정치가나 기업가 또는 황제들에게만 필요한 것이 아니다. 우리 모두에게 필요한 것이다.

우리는 이름이 가진 마술적인 힘을 깨달아야 한다. 어떤 이름을 사용하면 우리가 전달하고자 하는 정보나 요구사항은 특별한 의미를 지니게 된다. 그럼으로써 이름의 힘은 우리가 타인을 다루는 데 마술적인 힘을 갖는다.

제 4 장
상대방의 말을 경청하라

얼마 전에 나는 한 카드놀이 모임에 초대된 적이 있었다. 그러나 나는 카드놀이를 할 줄 몰랐다. 그런데 마침 나처럼 카드놀이를 할 줄 모르는 부인이 있어 함께 이야기를 나누게 되었다. 그 부인은 내가 로웰 토머스의 여행기 준비를 돕기 위해 함께 유럽 여행을 한 일이 있었다고 하자, 내게 그때의 이야기를 해달라고 했다.

"그럼, 가보신 곳과 아름다운 경치 얘기를 들려주세요. 참 재미있을 것 같아요."

여행담을 위해 나와 나란히 소파에 앉자, 그 부인은 최근에 남편과 함께 아프리카 여행을 다녀왔다고 했다. 나는 탄성을 질렀다.

"아프리카엘 가셨다구요! 나도 꼭 한번 가보고 싶은 곳이지요. 알제리에 24시간 머물렀던 것 외에 아프리카에 대해서는 아무것도 모릅니다. 맹수가 있는 지방에는 가보셨습니까? 어떠했습니까? 정말 부럽습니다. 아프리카 이야기를 들려주십시오."

그 부인은 아프리카 이야기를 45분 동안이나 했다. 이야기하는 동안 내게 여행담을 들려달라고 두 번 다시 말하지 않았다. 여행담을 듣고 싶었던 것이 아니라 자기 얘기에 귀를 기울이는 사람이 필요했을 뿐이었다.

그 부인은 변덕스러운 사람이었을까 아니면 비정상적인 사람이었을까? 전혀 그렇지 않다. 지극히 평범하고 정상적인 사람이었다. 다른 사례를 한번 들어보자.

어느 날 나는 뉴욕의 한 출판업자가 주최한 만찬회에서 한 사람의 저명한 식물학자를 만났다. 식물학자와 함께 이야기를 나눈 것은 그때가 처음이었는데, 나는 그의 식물에 관한 이야기에 매혹되고 말았다.

회교도가 마취에 사용한다는 인도의 대마 이야기, 새 품종을 만들어내기 위한 실험 이야기, 고구마 이야기 등을 듣고 있는 동안 나는 넋이 빠져 있었다. 나는 집에 있는 작은 실내 정원 때문에 평소 몇 가지 의문을 갖고 있었는데, 그의 이야기를 듣고 나자 시원스럽게 풀렸다. 다른 손님이 10여 명 더 있었으나 나는 실례를 무릅쓰고 몇 시간 동안을 식물학자의 이야기에만 빠져 있었다.

마침내 밤이 깊어 만찬회는 끝났다. 그때 식물학자는 집주인에게 나를 '재미있는 이야기꾼'이라고 칭찬했다. 그러나 실제로 나는 거의 아무말도 하지 않았다. 그의 이야기를 열심히 듣기만 했는데, 그러한 내 태도가 그에게 호감을 주었다. 이렇게 이야기를 열심히 듣는 것이 때로는 상대방에 대한 최고의 찬사가 될 수도 있다.

"매우 즐거웠습니다. 정말 많이 배웠습니다. 나도 당신 정도의 지식이 있었으면 얼마나 좋을까요. 당신의 친구가 되고 싶습니다. 꼭 한번 다시 뵙고 싶습니다."

내가 그에게 한 말은 이 정도뿐이었다. 단지 그의 이야기를 진심으로 들어준 것이 그로 하여금 나에게 '재미있는 이야기꾼'이라는 찬사를 하게 한 것이다.

이러한 인간 심리를 두고 재크 우드워드는 다음과 같이 말했다.

"어떤 칭찬의 말에도 흔들리지 않는 사람이라도 자기 이야기를 열중해 들어주는 것과 같은 간접적인 찬사에는 마음이 흔들린다."

일반적인 대화나 상담에 특별한 비결은 없다. 상대방의 이야기에 귀 기울이는 것, 바로 그것이 비결이다. 어떤 아첨도 이를 따르지 못한다.

그런데 많은 돈을 들여 구입한 상품을 번화가 상가의 진열장에 세련되게 진열하고, 선전을 위한 광고에 많은 경비를 쓰면서도, 성실히 듣는 귀를 가지지 못한 점원을 고용하는 백화점 주인은 의외로 많다. 고객의 말을 중간에 잘라버리거나 화를 내는 등 고객을 내쫓는 것과 같은 짓을 하는 점원을 채용하고 있는 것이다.

다음은 강좌 수강생 우든 씨가 경험한 사례이다.

우든 씨는 뉴저지 주 뉴와크 시에 있는 한 백화점에서 양복을 한 벌 샀다. 그런데 자세히 보니 물이 빠져 탈색된 것처럼 보였고 깃에는 때가 묻은 것 같았다. 그는 양복을 가지고 다시 백화점으로 갔다. 설명을 다 하기도 전에 점원은 퉁명스럽게 말했다.

"그럴 리 없습니다. 그 옷은 지금까지 몇 천 벌 팔았습니다만 다시 가지고 온 사람은 당신이 처음입니다."

점원의 말투는, 마치 '거짓말 마! 당신 같은 사람에게 속아넘어갈 줄 알아?'라고 하는 것 같았다.

"아니, 지금 뭐라는 거요! 내가 거짓말이라도 한다는 말이오?"

"멀쩡한 양복이 그렇게 될 리 있나요? 다른 손님들은 아무 말도 없구요. 남한테 뒤집어씌우려는 게 아네요?"

그때 옆에 있던 다른 점원이 끼어들었다.

"처음에는 조금씩 물이 빠지는데, 싼 물건이 다 그렇지요. 그 값으로는 그런 양복밖에 살 수 없어요. 손님이 이해하셔야죠."

우든 씨는 화가 머리끝까지 치밀어올랐다. 처음 점원은 의심하는 투였고, 두번째 점원은 그가 산 물건이 싸구려라고 한다. 그는 너무 화가 나 양복을 그들에게 내동댕이치려고 하는데 마침 지배인이 왔다. 그 지배인은 얼마 있지 않아 그의 기분을 누그러뜨렸다.

그 지배인이 사용한 방법은 세 가지였다.

첫째, 우든의 얘기를 처음부터 끝까지 말없이 들었다.

둘째, 우든의 이야기가 끝나자, 고객의 입장에서 점원들과 잘잘못을 가렸다. 때묻은 것처럼 보이는 깃부분은 분명히 변색되었다고 지적하고, 고객에게 만족을 줄 수 없는 물건을 팔아서는 안된다고 했다.

셋째, 옷에 결함이 있다는 것을 모르고 있었던 잘못을 솔직하게 사과하고, "어떻게 하시겠습니까? 우리는 당신이 원하는 대로 해드리겠습니다." 하고 말했다.

마음이 풀린 우든은 오히려 지배인에게 물었다.

"변색되는 것이 일시적인 현상으로 보입니까, 아니면 더 심해지겠습니까?"

지배인은 일주일만 더 입어보면 어떻겠느냐고 정중하게 말한 뒤 덧붙였다.

"만약 그래도 마음에 들지 않으면 그때 되돌려주십시오. 마음에 드는 것과 바꾸어드리겠습니다. 폐를 끼쳐드려 정말 죄송합니다."

우든은 가벼운 마음으로 돌아왔다. 일주일 후에도 색깔은 변하지 않았고, 백화점에 대한 신뢰도 회복되었다.

혹독한 반대자나 비평가라도 그들의 말에 귀기울일 줄 아는 경청자가 있다면 그들의 분노는 억제되며 부드러워지기도 한다. 다음은 이러한 사례의 하나이다.

몇 해 전, 뉴욕 전화국 교환에게 갖은 욕설과 폭언을

퍼붓곤 하는 사람이 있었다. 전화선을 뜯어버린다고 위협하고, 청구서가 틀렸다고 요금을 지불하지 않았다. 신문에 투서하고 공공사업위원회에 진정서를 냈으며, 전화국을 상대로 소송을 하기에까지 이르렀다.

이 분쟁해결을 위해 전화국에서는 한 사람을 선정해 이 인물을 만나게 했다. 해결을 위임받은 전화국 직원은 상대방이 마음껏 울분을 터뜨리게 하고, 가끔 "예, 그렇지요."라고 머리를 끄덕이면서 그의 주장을 귀담아들어 주었다.

"처음 그를 만났을 때 고함치며 주장하는 것을 3시간 가까이 참고 들었습니다. 그 다음에 갔을 때도 역시 그의 주장에 귀를 기울였습니다. 마침내 네번째 방문이 끝날 때 나는 그가 설립을 계획하고 있는 모임의 발기인이 되었습니다. 그 회의 명칭은 '전화가입자보호협회', 내가 알기로 현재 회원은 그 남자 외에 나 혼자입니다. 아무튼 그와 네 번 만나는 동안, 내 방문 목적은 완전히 달성되었습니다. 그는 밀렸던 전화료를 모두 지불했으며, 공공사업위원회에 대한 제소도 취하했습니다."

문제의 사나이는 가혹한 착취에 대한 공민권 방위를 위한 전사로 자처하고 있었음에 틀림없다. 그러나 실제로는 자기 중요성의 실현을 위해 문제를 제기했을 뿐이다. 그런데 전화국 직원에 의해 그것이 충족되자 가공의 것인 그의 불평은 씻은 듯이 사라졌다.

또 다른 사례로, 데트먼 방직회사의 창립자 줄리앙 데트먼의 경험담이 있다.

세계적으로 유명한 데트먼 방직회사가 창립된 후의 어느 날 아침, 초대 사장 줄리앙 데트먼의 시카고 사무실에 한 거래처 사장이 뛰어들었다. 뉴욕에 있는 직물판매회사 사장인 그는 데트먼 사장에게 이제 이 방직회사로부터는 양복지를 구입하지 않겠다고 소리쳤다.

뜻밖의 사태에 놀라면서도 데트먼 사장은 우선 거래처 사장을 자리에 앉히고 이야기를 청했다. 흥분을 가라앉히지 못한 채 거래처 사장은 불만을 말하기 시작했다.

그는 데트먼 회사 경리로부터 15달러가 체불되었으니 지급해 달라는 지불청구서를 받았다. 그는 철저하게 신용을 지키고 있었기 때문에 지금껏 체불한 적이 없었고, 그래서 지불청구서는 단순한 사무착오일 거라고 생각했다. 그런데 여러 차례 독촉장을 받게 되어 영업부에 항의전화를 했는데, 전화받는 직원이 불친절해 그만 뉴욕에서 시카고까지 달려왔다는 것이었다.

데트먼 사장은 그의 얘기를 조용히 들었다. 도중에 몇 번이나 그게 아니라고 말하고 싶은 것을 참고 끝까지 들었다. 그리고는 입을 열었다.

"저희들 잘못 때문에 시카고까지 와주셔서 감사합니다. 좋은 말씀 잘 들었습니다. 우리가 먼저 찾아가 뵈었어야 했을 것을 정말 죄송합니다."

데트먼 사장의 말에 그는 약간 놀란 듯 어리둥절한 표정이었다.

"많은 고객의 계산서를 취급하다 보니 실수가 있었던 것 같군요. 죄송합니다. 15달러는 취소하겠습니다."

데트먼 사장은 "나는 당신의 심정을 잘 알았으며, 내가 만약 당신이라도 역시 그렇게 했을 것"이라고 말했다. 그리고 그가 다시는 주문하지 않겠다고 했기 때문에 다른 방직회사를 추천해 주었다.

데트먼 사장은 전부터 거래처 사장이 시카고에 오면 함께 점심을 했기 때문에, 그날도 같이 점심을 했다. 점심을 마친 뒤 그는 그 어느 때보다 많은 주문을 했다. 시카고로 돌아간 그는 한번 더 서류함을 조사해 문제의 청구서를 찾아냈다고 하며, 사과의 글과 함께 15달러를 보내왔다. 그후 그는 죽을 때까지 22년 동안 데트먼 사장의 다정한 벗이었으며, 좋은 고객이었다.

많은 저명인사들과 인터뷰했던 뛰어난 기자 아이작 마코슨은 상대방의 말을 잘 듣는 태도의 중요함에 대해 좋은 말을 하고 있다.

"사람들은 다음에 해야 할 자기 말에만 너무 신경을 쓰기 때문에 상대방의 말을 소홀히 듣게 된다. 그러나 사람들은 말을 잘하는 사람보다는 말을 잘 들어주는 사람을 좋아한다."

마코슨의 말처럼 이 세상에 말을 잘 들어주는 사람은

그리 많지 않은 것 같다. 많은 사람들은 자신의 말을 들어줄 사람을 구하지 못해 정신과 의사를 찾는다.

다음의 링컨이 남긴 일화에서도 우리는 말을 들어줄 사람에 대한 필요성을 절실하게 느낄 수 있다.

링컨은 남북전쟁이 막바지에 달했을 때 고향 스프링필드에 있는 옛친구에게 편지를 보내 워싱턴으로 와달라고 청했다. 중요한 문제에 관해 상의하고 싶다는 것이었다.

옛친구가 백악관에 도착한 뒤 링컨은 노예해방 선언을 하는 것이 과연 좋은 일인지, 어떤 사람은 반대하고 또 어떤 사람은 찬성하고 있다는 등 마음속에 있는 이야기를 하기 시작했다. 그리고 그러한 내용에 대한 투서와 신문 기사를 읽어주기도 했다.

이렇게 혼자서 몇 시간을 이야기한 링컨은 친구의 의견은 한마디도 듣지 않고 악수를 청하고는 옛친구를 일리노이로 돌려보냈다. 처음부터 끝까지 혼자 말했으나, 그 친구는 뒷날 링컨이 할 말을 다하고 난 뒤 얼굴이 밝아졌다고 얘기하고 있다.

링컨은 친구의 충고를 원했던 것은 아닌 것 같다. 다만 마음의 부담을 덜어주는 사람, 자기의 말을 편하게 들어주는 경청자가 필요했음에 틀림없다. 마음에 괴로움이 있을 때는 누구나 다 링컨처럼 자신의 이야기를 들어줄 친구가 절실하게 필요하다.

타인들로부터 배척당하고 싶거나 뒤에서 남들에게 비

웃음이나 경멸을 당하고 싶다면, 다음에 그 비결이 있으니 따르도록 하라.

1. 언제나 반드시 상대방의 이야기를 오래 듣지 말 것.
2. 처음서부터 끝까지 자기 이야기만 늘어놓을 것.
3. 상대방이 이야기하고 있을 때라도 의견이 있으면 곧 얘기를 중단시키고, 또 이야기 도중이라도 아무말이나 하고 싶은 대로 할 것.

세상에는 이러한 비결을 충실히 따르는 사람이 있다. 그런데 그런 사람들은 대개 지루해 견딜 수 없는 종류의 사람들로, 자기만 잘났다고 생각한다. 자기 얘기만을 지껄이는 사람은 자기 일밖에 생각하지 않는다. 다음은 말을 잘하는 사람이 되기 위해 따라야 할 원칙이다.

1. 좋은 귀, 곧 상대방의 말을 잘 들어야 한다.
2. 상대방이 기쁘게 대답할 질문을 한다.
3. 상대방이 자랑으로 삼고 있는 일을 말하도록 한다.
4. 상대방의 관심은 오직 자기자신에게만 있다는 사실을 잊지 않는다.
5. 내가 이야기할 차례는 언제나 다음이라는 것을 기억한다.

제 5 장
상대방의 관심사에 대해 말하라

"웨스트 베이 저택으로 디어도어 루스벨트 대통령을 방문한 사람이면 누구나 그의 박학다식함과 관심의 다양성에 놀라게 된다. 루스벨트 대통령은 상대방이 카우보이든 기병대든, 또는 정치가나 외교관이든 그 밖의 누구에게든 적합한 화제를 풍부하게 지니고 있다."

루스벨트 대통령을 방문한 적이 있는 브래드 포드의 감탄섞인 놀라움의 말이다. 루스벨트 대통령은 어떻게 그처럼 풍부한 화제를 갖게 되었을까? 그에 대한 답은 의외로 간단하다. 루스벨트 대통령은 누구든 방문하겠다는 전갈을 받으면 그 전날 밤 늦게까지 방문자가 좋아할 만한 화제에 대해 관계 서적을 뒤적이며 연구를 해둔다고 한다. 다른 지도자들과 마찬가지로 루스벨트 대통령 역시 사람의 마음을 잡는 지름길은 상대방에게 관심있는 문제를 화제로 삼는 일임을 알고 있었던 것이다.

예일 대학 문학부 교수 윌리엄 라이언 펠프스는 어릴 적에 이미 이러한 교훈을 체득하고 있었다 그는 「인간성에 관하여」라는 논문에서 다음과 같이 쓰고 있다.

나는 여덟 살 때 스트래드포드에 있는 린즐리 숙모 집에 놀러가 주말을 보낸 일이 있다. 저물 녘에 한 중년 남자분이 찾아와 한동안 숙모와 얘기를 주고받았다. 그러나 얼마 후에는 나를 상대로 이야기했다. 그 무렵 나는 보트에 빠져 있었는데, 그분의 이야기는 완전히 나를 사로잡았다. 그분이 돌아간 다음이었다.
"정말 멋있는 분이에요! 그렇게 보트를 좋아하는 사람은 처음 보았어요."
내 말에 숙모는 머리를 갸웃했다.
"그분은 뉴욕의 변호사야. 보트에 관해서는 별로 아는 것이 없을 텐데……"
"그럼 왜 계속 보트 얘기만 했을까요?"
"그건 그분이 신사니까, 보트에 관심이 많은 너를 기쁘게 해주려고 네 상대가 되어준 것이겠지."

다음은 이 글을 쓰고 있는 동안에 받은, 지금도 보이스카웃에서 일하고 있는 찰리프에게서 온 편지이다.

언젠가 나는 다른 사람의 도움 없이는 해결하기 어

러운 난관에 부닥쳤습니다. 유럽에서 열리는 스카웃 대회에 대표로 한 명의 소년을 참석시켜야 했는데, 그 비용 때문이었습니다.

나는 그 비용을 어느 회사 사장에게 부탁하려고 했습니다. 그 사장을 만나기 전 나는 내게 도움이 될 얘기를 들었습니다. 그 사장이 100만 달러 수표를 끊은 적이 있고, 그 지불이 끝난 뒤 수표를 회수해 액자에 넣어 벽을 장식하고 있다는 얘기였습니다.

사장실에 들어선 나는 먼저 그 수표를 보여달라고 부탁했습니다. 100만 달러 수표라니! 그렇게 큰 금액의 수표를 보고 왔다는 이야기를 아이들에게 들려주고 싶다고 했습니다. 사장은 기뻐하며 내게 수표를 보여주었습니다. 나는 감탄해 어떻게 그 수표를 끊게 되었는지 자세한 얘기를 들려달라고 했습니다.

지금까지 찰리프는 그가 찾아온 목적에 대해서는 전혀 말하지 않고 있다. 다만 상대방이 관심을 가지고 있는 일에 대해서만 얘기하고 있다.

수표에 얽힌 이야기를 한 뒤 사장은 문득 내게 찾아온 용건을 물었습니다. 그제서야 나는 목적했던 이야기를 꺼냈습니다. 그런데 사장은 놀랍게도 나의 부탁을 즉석에서 수락했습니다. 그뿐 아니라 전혀 예기치 않았던 일까지 해주었습니다.

나는 대표로 소년 한 사람만 유럽에 보내주도록 부탁했습니다. 그런데 사장은 5명의 소년과 인솔자로서 나까지 함께 가도록 했습니다. 1천 달러짜리 신용장을 써주고, 유럽 지점장에게 소개장을 써주어 우리 일행에게 편의를 제공하도록 했습니다.

그뒤 그는 우리 단체의 후원자가 되었고, 가정 형편이 어려운 단원에게는 직장을 구해 주기도 했습니다. 만약 내가 그의 관심사를 미리 알지 못했더라면 그토록 쉽게 목적을 이루지는 못했을 것입니다.

이 방법이 과연 사업에도 응용될 수 있을지 뉴욕 일류 제빵업자 듀버노이의 경우를 예로 살펴보자. 듀버노이 씨는 뉴욕의 한 호텔에 빵을 공급하기 위해 애를 쓰고 있었다. 4년 동안 매주마다 지배인을 찾아갔고, 지배인이 참석하는 모임에도 동석했다. 그 호텔에 손님으로 투숙해 보기도 했으나 아무 소용 없었다. 듀버노이 씨는 그때의 상황을 다음과 같이 말하고 있다.

나는 인간관계를 연구했습니다. 그리고 전술을 다시 세웠습니다. 이 사람이 무엇에 관심이 있는가, 어떤 일에 열성을 기울이고 있는가 조사했습니다. 그 결과 그가 미국 호텔협회 회원임을 알았습니다. 그것도 평회원이 아니라, 협회 회장이었으며, 국제호텔협회의 회장도 겸하고 있었습니다. 협회의 대회가 세계 어디서 열리든지 반드시 참석하는 열성파였습니다.

그 다음 날 나는 그를 만나 협회 이야기를 꺼냈습니다. 반응은 굉장했습니다. 그는 30분이나 협회 이야기를 했습니다. 그리고 내게도 입회를 권했습니다. 그와 협회에 대한 이야기를 했을 뿐 나는 빵 이야기는 비치지 않았습니다.

며칠 후였습니다. 호텔에서 전화가 걸려와 빵의 견본과 가격표를 가져오라고 했습니다. 내가 필요한 것을 챙겨 호텔에 도착했을 때 직원이 말했습니다.

"당신이 어떤 수단을 썼는지, 우리 지배인께서 대단히 마음에 든 모양입니다."

만약 그 사람이 무엇에 관심을 가지고 있는지, 어떤 화제를 좋아하는지 알아낼 생각을 못했더라면 아직도 쓸데없이 헛된 노력만 하고 있었을 것입니다.

타인의 관심사를 화제로 삼는 것은 상대방의 호감을 얻는 지름길이며, 양쪽 모두에게 이로운 일이다.

제 6 장
상대방이 소중한 사람이라는 확신을 갖게 하라

어느 날 나는 뉴욕 8번가에 있는 우체국에서 등기우편을 보내기 위해 차례를 기다리고 있었다. 등기우편을 취급하는 창구 직원은 우편물 계량, 거스름돈 계산, 수령증 발부 따위의 기계적인 일에 진력이 난 듯 무표정한 얼굴이었다. 그 모습을 보며 나는 한 생각을 했다.

'거의 짜증 직전으로 보이는 이 사나이가 내게 호의를 갖도록 해보자. 그러려면 먼저 뭔가 부드러운 말을 해주어야겠지? 저 무표정한 사나이가 진정으로 감탄할 수 있는 것은 무엇일까?'

이를 알아내는 것은 쉬운 문제가 아니었다. 더구나 상대방은 처음 만나는 사람이 아닌가. 그러나 나는 생각보다 쉽게 그의 그럴싸한 장점을 찾아낼 수 있었다.

그가 내 우편물의 무게를 달고 있을 때였다. 나는 정말 그렇게 생각하고 있었으므로 진심으로 감탄하며 그에게 말을 건넸다.

"당신의 머리카락은 참 아름답군요!"

갑작스러운 내 말에 놀란 듯 나를 쳐다보는 그의 얼굴에는 그러나 미소가 번지고 있었다.

"전보다는 많이 거칠어졌어요."

그는 자신의 머리카락이 아름답다는 것을 인정하면서도 겸손하게 말했다. 나는 머리칼의 윤기나 부드러움이 전보다 떨어졌는지는 모르지만 아직도 참 보기좋다고 했다. 내 말에 그는 기쁜 얼굴이었으며, 우리는 잠깐 유쾌하게 얘기를 나누었다.

그날 그 직원은 즐거운 마음으로 점심 시간을 보냈을 것이다. 퇴근 후 집에 돌아가서는 아내에게도 기분좋게 대했을 것이다. 그리고 거울을 보면서 "역시 멋있어!" 하고 혼잣말을 했을 것임에 틀림없다.

그뒤 언젠가 나는 이 이야기를 공개적인 자리에서 한 적이 있다. 그때 어떤 사람이 질문을 했다.

"그렇게 말을 건네면서 그 사람에게 무엇을 기대하고 있었습니까?"

무엇인가를 기대한 노력? 칭찬? 아무 대가도 바라지 않고 작은 기쁨이나마 서로 나누고 약간의 정직한 칭찬조차 할 수 없다면, 그만큼 우리의 삶은 활기와 부드러움으로부터 멀어질 수밖에 없다. 다른 사람을 기쁘게 한다거나 칭찬을 하고 그 대가를 바라는 인색한 사람들은 실패할 것이라고 보아 크게 어긋나지 않을 것이다.

누군가를 기쁘게 하고 어떠한 부담도 주지 않았다는 만족스러운 마음은 작은 것을 베푼 이에게 언제까지나 즐거운 추억으로 남는다. 이보다 더한 대가가 달리 어디 있겠는가?

인간 행위에 관한 중요한 법칙이 있다. 이 법칙에 따르면 인간관계에서 비롯되는 대부분의 분쟁은 피할 수 있다. 그뿐 아니라 많은 친구들과 함께 작더라도 행복한 삶을 누릴 수 있다. 이와 반대로 이 법칙을 깨뜨리면 그 날로 당장 끝없는 분쟁의 소용돌이에 휩쓸리게 된다. 이 법칙은 '언제나 타인으로 하여금 자신이 중요하다는 생각을 갖게 하는 것'이다.

앞서도 말했지만 존 듀이는 스스로 중요한 존재가 되고자 하는 소망은 인간의 근본 욕구라고 말하고 있다. 윌리엄 제임스 또한 가장 근원적인 인간성은 타인에게 인정받고자 하는 욕구라고 단언하고 있다. 이 욕구가 인간과 동물을 구별하는 기준이 되며, 인류의 문명도 이 욕구에 의해 발전되어 왔다.

많은 철학자들이 수천 년에 걸쳐 인간관계의 법칙에 관해 연구해 왔다. 그 결과 우리 인류에게는 귀한 교훈이 전해지고 있다. 그러나 이 교훈은 새로운 것이 아니라 인간의 역사만큼 오랜 것이다. 이 세상에서 가장 중요한 법칙이기도 한 이 교훈은 '타인에게 대접받고 싶으면 나부터 먼저 베풀어라.'는 것이다.

사람들은 누구나 주위 사람들로부터 인정받기를 원한다. 우리는 뻔히 들여다보이는 아첨이 아니라, 진심에서 우러나는 칭찬에 굶주려 있다. 슈와프가 이미 지적했듯이 우리 모두는 주위 사람들로부터 '진심으로 칭찬받고 아낌없는 찬사를 받고 싶은' 것이다.

지금까지 살펴본 대로 이 세상에서 가장 중요한 법칙에 따라 타인이 원하는 것을 해주고 싶은데, 언제 어디서 어떻게 해야 할까 염려할 필요는 없다. 마음만 있으면 어느 때 어느 곳에서나 누구에게든 베풀 수 있다.

어느 날 나는 뉴욕 록펠러 센터의 안내에서 헨리 스벤의 사무실 번호를 물었다. 단정한 제복차림의 안내원이 분명한 태도로 내 물음에 답해 주었다.

"헨리 스벤, 18층, 1816호실."

안내원은 중요한 사항을 또박또박 끊어 말함으로써 착오를 일으키지 않도록 정확하게 대답했다. 사무실 번호를 되뇌며 엘리베이터 쪽으로 가다 말고 나는 문득 작지만 신선한 충격을 느끼며, 안내 쪽으로 다가갔다.

"방금 번호를 가르쳐준 그 방식, 아주 훌륭하군요. 정말 아무도 흉내낼 수가 없겠어요."

감탄을 감추지 않은 나의 말에 안내원은 기쁜 웃음으로 답했다. 18층까지 올라가면서 인류 행복의 총량에 작은 보탬이 된 듯해 나 역시 흐뭇했다.

타인에 대한 진정한 평가로서의 칭찬의 철학을 가능한 한 많이, 그리고 충분하게 응용하도록 하자. 이 철학은 외교관이나 자선단체의 장 만이 누릴 수 있는 사치품이 아니다. 바로 우리가 나날의 삶에서 이를 응용함으로써 마술적인 효과를 거둘 수 있다.

한 예로, 레스토랑에서 주문한 것을 잘못 가져왔을 때, "수고를 끼쳐 미안합니다만, 커피가 아니라 홍차를 시켰는데요." 하고 친절하게 말하면 웨이터는 선뜻 다시 가져온다. 상대방을 존중하는 태도를 지켰기 때문이다. "수고를 끼쳐 죄송합니다마는……" "감사합니다."와 같은 작지만 친절한 말씨는 단조로운 일상생활에 윤활유 역할을 한다. 그와 동시에, 말하는 이의 사람됨을 증명하는 교양의 척도가 되기도 한다.

이러한 사실을 뒷받침하는 다른 하나의 예를 들어보자. 홀 케인은 『그리스도교도』 『재판관』 『맨 섬의 사나이』 등의 소설을 쓴 20세기 초기의 작가이다. 그는 대장장이의 아들로, 학교는 8년 남짓밖에 다니지 않았다.

어렸을 때부터 홀 케인은 14행시나 민요를 좋아했으며, 특히 영국의 시인 가브리엘 로제티에게 심취해 있었다. 그는 로제티의 문학적 성과를 높이 평가한 글을 썼고, 그 사본을 로제티에게 보냈다.

로제티는, '내 글을 이처럼 평가할 수 있는 청년은 문학적 견해가 탁월한 인물임에 틀림없을 것이다.'고 생각하고, 케인을 런던으로 불러 자기 일을 돕게 했다. 이것이 홀 케인의 생애에 큰 전환점이 되었다. 이 새로운 일을 하면서 케인은 당시의 유명한 문학 인사들과 가깝게 사귈 수 있었고, 마침내는 그들의 조언과 격려에 힘입어 세계에 그의 문학적 이름을 떨치게 되었다.

지금 맨 섬에 있는 그의 저택 그리바 성은 세계 각처에서 많은 사람들이 찾는 관광 명소가 되었다. 사후 그가 남긴 자산은 250만 달러에 달하였다고 한다. 만약 그가 시인 로제티에 대한 찬미의 글을 쓰지 않았더라면, 그는 가난한 대장장이로서의 생애를 살았을 것이다. 진정한 칭찬에는 이처럼 헤아릴 수 없는 크나큰 힘이 있다. 인간은 누군가가 그를 중요한 존재라고 느끼게만 해준다면 기적을 일으킬 수 있다.

거의 모든 사람들은 자신을 중요하게 생각한다. 세계 각 나라 사람들 역시 이와 비슷한 생각들을 가지고 있다. 미국인들 가운데는 일본인에 대해 우월감을 느끼는 사람이 있다. 그런데 일본인도 미국인보다는 잘났다고 생각하고 있다. 백인이 일본인 여성과 춤을 추는 것을 보고 경멸당했다고 분개한 보수적인 일본인도 있다.

힌두교도들에 대한 각 나라 사람의 태도는 물론 각자 다르겠지만, 힌두교도들은 자기들이 가장 우수하다고 생각하고 있다. 그래서 이교도인 외국인의 그림자가 닿은 음식은 더럽혀진 것이라고 하여 손도 대지 않는다. 그리고 에스키모 사회에서는 게으르고 나쁜 인간을 백인 같은 인간이라고 욕한다. 이보다 더한 경멸을 의미하는 말은 없다고 한다.

다음에는 칭찬의 법칙을 응용해 성공을 거둔 사람들의 이야기를 소개한다. 그들 모두는 내 강좌의 수강생이었다. 먼저 코네티컷에 살고 있는 한 변호사의 이야기로, 그가 이름을 밝히기를 원치 않아 그냥 K씨라고 한다.

강좌에 참석한 지 얼마 되지 않아 K씨는 롱아일랜드에 있는 처숙모를 방문했다. 숙모의 집에 도착한 뒤 아내는 K씨를 노숙모의 말상대로 남겨두고, 자기는 다른 친척집으로 가버렸다. 그때 K씨는 칭찬의 법칙을 실천하고 그 결과를 보고하기로 되어 있었다. 그래서 이 기회를 활용해 보기로 했다. 그는 뭔가 진정 감탄할 수 있는 것이 없을까 하고 집안을 둘러보았다.

"이 집은 1890년경에 지은 집이죠?"

K씨의 물음에 숙모는 대답했다.

"그래요, 1890년에 이 집을 세웠지."

"제가 태어난 집도 이렇게 아름다웠어요. 정말 훌륭한 건물입니다. 아주 썩 잘 지어졌어요. 널찍하고…… 요즈음은 이런 집 찾아보기 힘들어요."

K씨의 얘기에 숙모는 기쁜 듯이 맞장구를 쳤다.

"정말 그래. 지금 젊은 사람들은 아름다운 집에는 전혀 관심도 갖지 않아요. 비좁은 아파트에 냉장고, 자가

용, 이게 요즘 젊은 사람들의 필수품인 것 같아. 그렇지만……이건 꿈의 집이라네."

추억에 대한 그리움으로 숙모의 말끝은 떨렸다.

"이 집은 내가 꿈에 그리던 집이라네. 이 집이 지어졌을 때 그이와 나는 우리의 오랜 꿈이 실현되었다는 것을 알았지."

집안을 구경시키던 숙모는 K씨를 차고로 데려갔다. 그곳에는 거의 신품과 같은 패커드 한 대가 있었다.

"그이가 세상을 떠나기 바로 전에 이 차를 샀지만, 한 번도 타본 적이 없다네. 자네는 아름다움을 아는 사람이야. 이 차를 자네에게 선물하고 싶네. 받아주게."

"숙모님, 그 마음은 고맙습니다만, 이 차를 받을 수는 없습니다. 이 패커드를 마음에 들어하는 가까운 친척분이 많으실 게 아닙니까."

K씨의 말에 숙모는 목소리를 높였다.

"물론 내게 친척이야 많지. 이 차가 탐나 내가 죽기를 기다리고 있는 그런 친척 말이야. 그렇지만 그 사람들에게 이 차를 줄 수는 없어."

"그럼 숙모님, 중고 자동차상에 팔면 어떨까요?"

"팔다니! 내가 이 차를 팔 거라고 생각하나? 생판 모르는 사람이 마구 굴리고 다니는 것을 참을 수 있다고 생각하나? 내 남편이 나를 위해 사준 거라네. 이 차를 팔다니, 꿈에도 생각할 수 없어. 자네에게 주고 싶네. 아름다운 것의 가치를 알 수 있는 사람에게."

K씨는 상대방의 마음을 상하지 않고 거절하려 했다. 그러나 숙모는 그의 의견을 받아들이지 않았다.

넓은 저택에서 오직 추억만을 되새기며 살아온 이 노부인은 칭찬에 굶주려 있었다. 한때 젊고 아름다웠던 그녀, 남들에게 부러움을 샀던 사랑의 집을 짓고 유럽 각지에서 사들인 물건으로 장식했다. 그러나 지금은 혼자 고독을 달래는 처지가 되어 타인의 진심어린 칭찬에 굶주려 있었다. 그러던 그녀는 K씨의 이해성 있는 태도에 자기가 지닌 가장 아름다운 것을 선물하고 싶은 마음이 되었던 것이다.

코닥 사진기로 유명한 이스트만은 활동사진에 쓰이는 투명필름을 발명해 재벌이 된 세계 굴지의 사업가이다. 그런 사람도 자신에 대한 찬사에는 감격한다. 이제 그 이야기를 소개하기로 한다.

오래 전에 이스트만은 로체스터에 이스트만 음악학교와 그의 어머니를 기념하는 극장 키르본 홀을 세우고 있었다. 뉴욕에 있는 가구제작회사 아담슨 사장은 이 두 건물에 필요한 의자의 주문을 맡고 싶었다. 그래서 중개인인 건축가에게 연락을 취해 이스트만과 로체스터에서 만나게 되었다. 아담슨이 약속한 장소에 도착하자, 건축가가 주의를 주었다.

"이 주문을 성사시키려면 유념해야 할 점이 있습니다.

만약 당신이 이스트만과 만난 뒤 5분 이상 시간을 지체시키면, 성공 가능성은 희박해집니다. 이스트만은 무척 까다롭고 또 바쁜 사람이므로 재빨리 얘기를 마무리지어야 합니다."

아담슨은 건축가의 말대로 하기로 했다. 그가 사무실로 안내받았을 때, 이스트만은 책상 위 산더미같이 쌓인 서류에 정신을 쏟고 있었다. 잠시 후 그는 얼굴을 들고 안경을 벗은 다음, 아담슨 쪽으로 와 말을 건넸다.

"안녕하세요? 무슨 일로 오셨나요?"

건축가의 소개로 인사를 한 아담슨은 이스트만에게 말했다.

"잠시 기다리는 동안 저는 이 사무실의 훌륭한 구도에 감탄했습니다. 이러한 사무실에서 일할 수 있다는 건 정말 행복입니다. 저는 실내장식이 전문입니다만, 지금까지 이렇게 완벽하게 설계된 사무실은 본 적이 없습니다."

그 말에 이스트만이 대답했다.

"그렇게 말씀하시니 이 사무실이 만들어졌을 때의 일이 생각납니다. 정말 좋은 사무실이지요. 당시엔 나도 무척 기뻤습니다만, 최근에는 시간에 쫓겨 이 사무실이 좋은 것도 잊어버린 채 지내는 일이 많답니다."

아담슨은 일어서서 벽의 판자를 쓰다듬으면서 말했다.

"영국산 떡갈나무군요. 이탈리아산 떡갈나무와는 결이 좀 다르지요."

"그렇지요. 영국에서 들여왔습니다. 재목에 대해 잘 아는 친구가 나를 위해 골라준 것이지요."

이스트만은 사무실의 균형과 색채, 조각을 이용한 장식, 그 밖에 스스로 고안한 여러 가지에 대해 아담슨에게 설명해주었다.

두 사람은 사무실의 구조를 두루 둘러보다가 창가에서 멈추어섰다. 창가에 선 채 이스트만은 사회사업으로 세운 여러 시설에 대해 조용한 어조로 말하기 시작했다. 로체스터 대학, 종합병원, 사랑의 집, 아동병원 등에 대한 것이었다. 아담슨은 인류의 고통을 덜어주기 위한 이스트만의 사회적 공헌을 진심으로 칭송했다.

아담슨은 이스트만에게 사업 초창기에 대해 물었다. 그 물음에 이스트만은 가난한 소년시절을 회상하고는, 홀로 된 어머니가 값싼 하숙집을 운영하고, 자기는 일급 50센트로 한 회사에 근무했다고 마치 어제의 일처럼 생생하게 이야기했다. 그때 어린 그는 어떻게 해서든지 가난을 극복하고, 어머니를 그 힘든 중노동에서 벗어나게 해드려야겠다고 굳은 결심을 했다고 털어놓았다.

이스트만의 이야기는 사진건판 실험을 할 무렵으로 이어졌다. 아담슨은 이야기에 귀를 기울이며 열심히 실험에 대한 질문을 했다. 약물이 반응하는 짧은 시간을 이용해 수면을 취하면서 밤을 새워 실험을 하고, 때로는 72시간 동안 전혀 씻지도 않고 입은 옷 그대로 지냈다는 등 이스트만의 이야기는 끝이 없었다.

 아담슨이 이스트만의 사무실에 들어간 것은 오전 10시 15분이었다. 5분 이상 끌면 안된다는 충고가 있었지만 이미 시간은 2시간을 지나 있었다. 그래도 아직 이야기는 끝이 나지 않았다. 이스트만의 이야기는 계속되었다.

 "지난번 일본에 갔을 때 사온 몇 개의 의자를 뜰에 놓았습니다. 그런데 햇볕을 쬐다보니 칠이 벗겨져 최근에 내가 직접 칠을 했습니다. 내 칠솜씨가 어떤지 보시겠습니까? 점심 뒤에 보여드리기로 하지요."

 점심 후 이스트만은 아담슨에게 이야기한 의자를 보여 주었다. 한 개에 1달러 50센트를 주었다는 그 의자는 억만장자에게는 어울리지 않는 소박한 것이었다. 그러나 스스로 칠을 했다는 것이 자랑스러운 모양이었다.

 9만 달러에 달하는 의자에 대한 주문은 칭찬의 효과에 의해 당연히 아담슨에게 낙찰되었다. 그뿐 아니라 그 이후 이스트만과 아담슨은 평생의 친구가 되었다.

 이렇듯 놀라운 효과를 일으키는 칭찬의 법칙을 우리는 먼저 가정에서 지켜야 한다. 가정만큼 칭찬이 필요한 곳도 없으나, 또한 가정만큼 칭찬이 무시되는 곳도 없다.

 몇 년 전, 나는 캐나다 뉴브런즈위크 주에 있는 미라미치 강 상류로 낚시여행을 갔었다. 캐나다의 넓은 수림지대 오지에 캠프를 쳤는데, 거기서 읽을거리라고는 오직 한 장의 지방신문 뿐이었다. 그 지방신문을 광고에 이르기까지 샅샅이 읽었다. 그때 읽은 기사에 신부보다 신랑에게 필요한, 도로시 디스크 여사가 쓴 글이 있었다. 좋은 기사였기 때문에 지금까지 간직하고 있다.

입에 발린 소리로라도 칭찬을 능숙하게 할 수 있을 때까지는 절대로 결혼해서는 안된다. 독신으로 있을 동안은 여성을 칭찬하든 말든 자유이지만, 일단 결혼하면 칭찬은 필수조건이다. 필수조건을 챙기는 것은 스스로의 안전을 위해서도 중요하다.

솔직한 발언은 절대 금물이다. 결혼 생활은 외교정책을 수행하듯 해야 한다. 만족스러운 일상생활을 위해서는 결코 아내의 가정 일을 비난하거나 자기 모친과 비교해서는 안된다. 언제나 살림하는 솜씨를 칭찬해 주고, 이상적인 여자와 함께 살게 되어 행복해한다는 것을 알게 하라.

여성에게 사랑받고 싶은 남성은 반드시 이 비결을 전수하도록 하라.

제 3 부
사람을 설득하는 방법

제 1 장
논쟁을 피하라

 제1차 세계대전이 끝난 직후의 어느 날 밤, 나는 런던에서 귀중한 교훈을 얻었다. 당시 나는 로드 스미스 경의 자문을 맡고 있었다. 스미스 경은 세계대전중 팔레스타인과의 공중전에서 뛰어난 전적을 세운 오스트레일리아의 용사로서, 종전 직후 30일간에 지구를 반 바퀴나 비행해 온 세계를 놀라게 했다. 오스트레일리아 정부는 스미스 경에게 5만 달러의 상금을 주었고, 영국 여왕은 그에게 기사작위를 내렸다. 그는 대영제국에서 화제의 인물이 되었다.
 스미스 경을 위한 만찬회가 개최되던 바로 그날 밤, 많은 사람들이 식탁에 앉아 있을 때였다. 내 옆자리에 있던 사람이, "인간이 첫 손질을 하고, 완성은 신이 한다."는 인용구가 성서에 나온다고 했다. 나는 그 인용문에 대해 잘 알고 있었는데, 그는 잘못 알고 있었다.

"아니오. 그건 셰익스피어 작품에 나오지요."

나는 나의 우월감을 과시하듯 불쑥 말했다.

"뭐요? 셰익스피어 작품에 나오는 문구라고요? 그럴 리가 있습니까. 성서에 있는 말이오. 이건 틀림없소."

그는 흥분해 단언하듯 말했다. 그는 나의 오른쪽에 앉아 있었는데, 왼쪽에는 오랜 친구 프랭크 가몬드가 앉아 있었다. 가몬드는 셰익스피어를 전공했기 때문에 그의 의견을 듣기로 했다. 가몬드는 말 없이 듣고 있다가 식탁 밑으로 나의 발을 살짝 차면서 말했다.

"이봐 데일, 자네가 잘못 알았네. 저분의 말이 옳아요. 분명히 성서에 나온 말이야."

그날 밤 만찬회가 끝나고 돌아오는 길이었다.

"프랭크, 그건 셰익스피어의 말이야. 성서에 있는 게 아니라고. 자네도 잘 알고 있을 게 아닌가?"

"물론 알고 있지. 「햄릿」 5막 2장에 나오지. 그러나 데일, 우리는 점잖은 자리에 초청받은 거야. 왜 그의 잘못을 밝혀내야 하는가. 밝혀내면 누구에게 호감을 얻게 되나? 상대방 체면도 생각해야 할 게 아닌가. 어떤 경우에도 모나는 건 피하는 게 좋아."

"어떤 경우에도 모나는 건 피하는 게 좋아."라고 했던 그는 지금 이 세상에 없지만, 그의 교훈은 나의 가슴 깊이 새겨져 언제나 인생의 귀한 가르침이 되고 있다.

천성적으로 토론을 좋아하는 편인 내게 이 교훈은 특

히 필요했다. 어렸을 때부터 나는 모든 일에서 형과 의견이 맞섰다. 무척이나 캐고 따지는 것을 좋아해 증거를 눈앞에 들이대기까지는 좀처럼 물러설 줄 몰랐다. 대학을 나온 뒤 나는 뉴욕에서 토론과 변론술을 가르치게 되었다. 지금 생각하면 등줄기에 식은땀이 흐를 일이지만, 그 방면에 대한 책을 펴낼 계획을 세운 일도 있었다.

그후부터 나는 토론을 경청했으며, 스스로 참가해 그 효과를 지켜보았다. 그 결과 토론에 이기는 최선의 방법은 오직 한 가지밖에 없다는 결론에 이르렀다. 그 방법은 논쟁을 피하는 것이었다. 폭서나 지진을 피하듯 논쟁은 될 수 있는 대로 피해야만 한다.

어떠한 논쟁에서건 이기는 것은 불가능하다. 만약 지게 되면 말 그대로 진 것이고, 비록 논쟁 현장에서 이겼다고 하더라도 역시 진 것일 수밖에 없다. 상대방을 여지없이 때려눕혔다 하더라도, 그 결과는 언제나 부정적이기 때문이다. 때려눕힌 쪽은 의기양양하겠지만, 패한 쪽은 열등감에 싸인 채 자존심 상해하면서 이긴 쪽을 저주할지도 모른다. 여전히 자기가 옳다고 믿으면서.

인간은 어떠한 경우에도 억지로 설득은 당할지라도, 순순히 수긍하지는 않는다. 팬 상호생명보험회사에서는 세일즈맨을 위해 반드시 다음의 말을 지키도록 했다.

"논쟁하지 말라!"

세일즈맨의 자격은 잘잘못을 따지는 데 있지 않고, 사

람의 마음을 논쟁으로 바꿀 수도 없기 때문이다.

 몇 년 전 내 강좌에 패트릭 오헤아라는 아일랜드 사람이 참가했다. 오헤아는 정규교육은 거의 받지 못했고, 특히 논쟁하기를 좋아했다. 트럭 세일즈를 해보았으나 잘 되지 않아 강좌를 들으러 왔다고 했다. 몇 가지 질문을 해본 결과 그는 거래하려는 사람과 논쟁을 하고 역정을 냈다는 것이 드러났다. 그는 트럭을 사러 온 고객이 불만을 말하면 불같이 화를 내면서 따졌고, 그렇게 시작한 논쟁에서 대개는 이겼다.

 그는 가끔 '저런 녀석은 본때를 보여줘야 돼!' 하는 생각을 했는데, 그럴 때면 물론 실제로 상대방에게 본때를 보여주곤 했다. 그러나 트럭은 한 대도 팔지 못했다.

 오헤아의 이야기를 들은 뒤 내가 해야 할 일은 그에게 대화의 요령을 가르치는 것이 아니었다. 그와는 반대로 침묵을 지키게 하여 논쟁하지 않도록 하는 것이었다.

 지금 오헤아는 뉴욕에 있는 화이트 모터 회사의 일류 세일즈맨이 되어 있다. 다음은 그의 성공담이다.

> 내가 물건을 팔러 들어갔는데 상대방이 말합니다.
> "화이트 트럭이라고? 그건 거저 주어도 거절하겠어. 사려면 후지트 트럭을 사는 게 낫지."
> 이럴 때라도 나는 절대로 화를 내어 논쟁하지 않습니다. 오히려 상대방의 말을 긍정해 주지요.

"아, 옳은 말씀입니다. 후지트 트럭이 좋지요. 그걸 사시면 틀림없습니다. 회사도 훌륭하고 판매원도 우수하거든요."

이렇게 말하면 상대방은 아무 말도 할 수 없습니다. 논쟁의 여지가 없기 때문입니다. 자기 말에 동의하고 있는데 더 이상 후지트가 좋다고 악을 쓰며 주장할 필요가 없어진 거지요. 오히려 이번에는 화이트 회사 트럭의 장점에 대한 얘기가 나오게 됩니다.

예전 같았으면 화가 치밀어 논쟁을 했겠지요. 그러나 논쟁이 심해지면 상대방은 더욱더 후지트 편을 들게 되고, 그러는 동안에 실제로 그 제품을 더욱 좋게 생각하게 되는 것이지요. 이런 상황에서 판매할 수 있었다면 오히려 그게 비정상이었겠지요. 지금 그때 일을 생각하면 아찔합니다. 오랫동안 논쟁을 벌임으로써 손해를 보고 있었지요. 지금은 굳게 입을 다물고 있는데 그 덕분으로 세일즈는 잘 됩니다.

이와 관련해 벤자민 프랭클린은 다음과 같이 말한다.

"당신이 따지고 반박하고, 끝내 시비를 가리면 상대방을 이길 수도 있다. 그러나 그것은 헛된 승리이다. 상대방의 호의는 절대로 얻어낼 수 없기 때문이다."

차분하게 생각해 보라. 우리의 삶에서 이론적이고 지적인 승리를 취할 것인가, 아니면 우호적인 관계를 얻을 것인가. 이 두 가지는 좀처럼 양립하지 않는다.

윌슨 내각의 재무장관 윌리엄 맥도바는 오랜 정치생활에서 무지한 인간과의 논쟁에서 이기는 것은 불가능함을 깨달았다고 한다. 그러나 내 경험으로는 무지한 인간뿐 아니라 지적인 인간이라도 논쟁으로 그 생각을 바꾸게 하는 것은 불가능하다. 부처는 "미움은 결코 미움으로써는 사라지지 않는다. 사랑으로써 대할 때 그때 비로소 사라진다."고 갈파하고 있다. 오해도 논쟁으로는 해결되지 않는다. 재치있는 배려, 화해 그리고 타인의 입장에서 이해하려는 친절 속에 비로소 해결될 수 있다.

『비츠 앤드 피시즈』지는 의견 차이가 있을 때 논쟁을 피할 수 있는 방법을 제안하고 있다. 선택적으로 그 일부를 살펴보기로 한다.

먼저 귀를 기울이도록 하라. 상대방에게 말할 기회를 주고, 그 말을 끝낼 수 있도록 하라. 말을 가로막지 말라. 장애만 생길 뿐이다. 이해의 다리를 만들고, 오해의 더 높은 장벽을 만들지 말라. 의견이 일치하는 부분을, 동의하는 부분을 생각하라.

당신의 실수를 인정하고 사과하라. 그러면 상대방은 논쟁하려는 투지를 늦추게 될 것이다.

당면한 문제를 생각할 수 있는 시간을 위해 행동을 미루어라. 그날 늦게, 아니면 그 다음 날 다시 만나자고 제안하라. 그리고 다시 검토해 보라.

 필요한 준비과정으로 자신에게 몇 가지 어려운 질문을 하도록 하라. —내 행동이 문제해결에 도움이 될까, 아니면 분노를 다소 해소시키는 데 지나지 않을까? 나의 반응으로 상대방과 더 멀어질까, 아니면 더 가까워질까? 나는 이길까, 아니면 패배할까? 이긴다면 어떤 대가를 치르게 될까? 사람들이 나에 대한 평가를 더 좋은 쪽으로 내리게 하는 것일까?

 테너 가수 얀 피어스는 50년 결혼생활 후 그의 가정을 버티어준 비결을 다음과 같이 피력했다.
 "아내와 나는 오래 전에 가정의 평화를 위한 조약을 체결했다. 그뒤 우리 두 사람은 아무리 화가 나도 이 조약을 지켜왔다. 한 사람이 소리 지르면 다른 한 사람은 반드시 잠자코 듣기로 했다. 두 사람이 함께 소리지르면 대화는 없어지고 오직 소란과 흥분, 증오만 남게 되기 때문이다."

제 2 장
상대방의 의견을 존중하라

 디어도어 루스벨트 대통령은 자기 생각의 75퍼센트만 옳다면, 자신으로서는 더 바랄 것이 없다고 했다. 20세기의 가장 현명한 인물 가운데 한 사람으로 평가받는 루스벨트 대통령의 바람이 이 정도라면 우리 평범한 사람들은 어느 정도일까.

 자기 생각의 55퍼센트만 옳다고 확신할 수 있어도, 자기 인생을 성공적으로 이끌 수 있는 사람임에 틀림없다. 그러나 자신의 생각에 대한 55퍼센트의 확신도 없다면 남의 잘못을 지적할 자격은 이미 없다.

 우리가 진정으로 확신을 가지고 타인의 잘못을 지적한 경우일지라도, 상대방으로 하여금 동의하게 할 수는 없다. 타인의 잘못을 무엇 때문에 지적하는가? 그의 잘못을 바로 잡기 위해서라면 전혀 성공할 수 없는, 헛된 일일 뿐이다. 자신의 잘못을 지적당함으로써 그는 자기의 지능, 판단, 그리고 자존심에 상처를 입고 있다. 잘못을 인정할 까닭이 없다. 마음을 닫은 채 오히려 반격하려 할 것이다. 플라톤이나 칸트의 논리를 동원한다 하더라도 그의 생각을 바꿀 수 없다. 상처입은 것이 논리가 아니라 감정이기 때문이다.

"당신에게 그 이유를 설명하겠소."

설득을 위해서나 호의를 얻으려 하는 과정에서 이러한 서두는 피해야 한다. 이런 투의 말은 "나는 당신보다 머리가 좋으니까, 내가 당신의 생각을 고쳐주겠다."는, 전혀 다른 의미로 받아들여질 수 있기 때문이다.

만일 실제로 이런 뜻이었다면, 그야말로 도전적이라고 할 수밖에 없다. 그것은 마치 상대방에게 반항심을 갖게 하고 전투준비를 시키는 것과 같다. 300여 년 전 갈릴레오가 했던 다음의 말은 이러한 때 좋은 참고가 된다.

"당신은 타인을 가르칠 수 없다. 다만, 그가 스스로 발견하도록 도와줄 수 있을 뿐이다."

타인의 생각을, 마음을 바꾸는 것은 가장 좋은 조건에서도 어렵다. 그런데 조건을 악화시켜 자기에게 불리하게 하는 것은 스스로 손발을 묶는 것과 다름이 없다. 타인을 설득하려고 한다면, 그에 대해 상대방이 전혀 눈치채지 못하게 해야 한다. 이에 대한 비결을 알렉산더 포프는 다음과 같이 간단명료하게 표현하고 있다.

"타인을 가르칠 때는 가르치지 않는 척하면서 가르치

고, 새로운 사실을 제안할 때는 그가 잊고 있던 것을 생각해내 그 자신이 제안하는 듯이 하라."

영국의 정치가이자 외교가인 체스터필드 경은 그의 아들에게 다음과 같은 교훈을 강조해 말했다.

"다른 사람을 가르치려 하지 말아라. 그가 모르는 것이라면 알고 있어도 말하지 말아라. 그리고 될 수 있으면 타인보다 현명해지도록 해라. 그러나 네 현명함을 타인에게 알리지는 말아라."

소크라테스는 제자들에게 다음과 같이 말했다.

"내가 아는 것은 오직 한 가지 사실밖에 없다. 그건 바로 나는 아무 것도 모른다는 사실이다."

나는 내가 소크라테스보다 더 현명하다고는 생각지 않기 때문에 다른 사람의 잘못을 지적하는 따위의 일은 하지 않기로 했다. 이러한 태도는 나날의 삶에서 내게 많은 도움이 되었다.

나의 일이나 생각에 대한 타인의 지적이 틀렸을 때라도 직접적인 말투는 피하고, 다음의 인용문에서처럼 함께 생각해 볼 여유를 갖는 것이 좋다.

"나는 그렇게 생각하지 않았습니다만, 내가 틀렸을 수도 있겠지요. 나는 가끔 그러니까요. 만일 내 생각이 잘못되었다면 고치고 싶습니다. 다시 잘 생각해 봅시다."

'내가 틀렸을 수도 있겠지요. 나는 가끔 그러니까요. 잘못이라면 고치고 싶습니다. 다시 잘 생각해 봅시다.'는 말에는 이상한 마력이 있다. 이 세상에 이러한 말에 화를 내며 반박하는 사람은 결코 없을 것이다.

"아마 그것은 나의 잘못일 것입니다." 하고 말하면 귀찮은 일이 생겨날 염려는 결코 없다. 힘든 논쟁은 종결되고, 상대방 역시 너그러운 마음에 공정한 태도를 취하고 싶어질 수 있으며, 자기가 틀렸을지도 모른다고 반성하게 될 수도 있기 때문이다.

이와는 달리 상대방이 분명히 틀렸을 때 그것을 직접적인 방식으로 지적하면 어떤 사태가 일어나는지, 이에 대한 사례를 살펴보기로 하자.

뉴욕에 사는 젊은 변호사 S씨는 미연방 대법원 법정에서 변론을 하고 있었다. 그가 맡은 사건에는 거액의 돈과 중요한 법률문제가 관련되어 있었다.

논쟁 중에 대법원 판사 한 사람이 S씨에게 물었다.

"해사법에 의한 기한 규정은 6년이지요?"

전혀 근거도 없는 말에 놀라 S씨는 잠깐 동안 판사의 얼굴을 쳐다보다가 퉁명스럽게 대답했다.

"판사님, 해사법에는 기한에 대한 규정이 없습니다."

내 강좌에 참석한 S씨는 그때 상황을 다음과 같이 말했다.

"순간 법정은 물을 끼얹은 듯 조용해지고 차가운 공기가 감돌았습니다. 내 말이 옳았고, 판사가 틀렸지요. 나는 그것을 지적했을 뿐입니다. 나는 지금도 법에 대한 내 견해가 옳았다고 믿고 있습니다. 변론도 그 어느 때보다 설득력이 있었으나 그 판사를 납득시키지는 못했습니다. 나는 저명한 판사의 잘못을 지적하는 큰 실책을 저질렀던 것입니다."

이성에 따라 행동하는 인간은 드물다. 대부분의 사람들은 편견을 가지고 있으며, 질투, 공포심, 뒤틀린 마음, 자부심 등에 휘둘리고 있다. 그리고 자기의 사상, 종교, 머리깎는 방식 등에 대한 자기 생각을 좀처럼 바꾸려 하지 않는다. 그런데도 굳이 타인의 잘못을 지적하고 싶다면 다음의 제임스 하비 로빈슨 교수의 명저 『정신의 발달과정』의 한 구절을 읽고 난 다음으로 미루도록 하라.

우리는 아무런 생각 없이 또는 별다른 저항 없이 자기의 사고방식을 바꾸는 일이 그리 드물지 않다. 그런데 타인으로부터 지적당하면 화를 내고 고집을 부린다. 우리는 사소한 동기로 여러 가지 신념을 갖는다. 그런데 그 신념에 대해 누군가가 정당한 근거를 대며 바꾸도록 하면 가치부여와는 상관없이 고집스럽게 고수하려 한다. 이때 우리가 중시하는 것은 신념 그 자체가 아니다. 오히려 위기에 처한 자존심이다. '나의'라는 말은 언뜻 단순해 보이지만, 실은 이 세상에서 가장 중요한 말이다. 나의 식사, 나의 개, 나의 집, 나의 아버지, 나의 나라, 나의 하나님…… 그 아래 무엇이 이어지든지 '나의'라는 말에는 강한 애착이 따른다. 우리는 자신이 소유하고 있는 시계이든 자동차이든, 또는 천문, 지리, 역사, 의학 등의 지식이든간에 잘못을 지적당하면 한결같이 화를 낸다. 진실이라고 믿어 온 것을 언제까지나 믿고 싶어하며, 그 신념을 뒤흔드는 대상이 나타나면 불같이 화를 낸다. 결국 우리 논쟁의 대부분은 자기의 신념을 고집하기 위한 일련의 과정에 지나지 않는 경우가 많다.

언젠가 나는 집안에 달 커튼을 만들기 위해 실내장식가에게 부탁한 일이 있었다. 일이 끝난 뒤 청구서가 도착했을 때 난 당황하고 말았다. 너무 비쌌기 때문이다.

며칠 후, 한 부인이 와서 그 커튼을 보았다. 값을 말해 주니 그녀는 마치 조소하는 듯한 어조로 말했다.

"굉장하군요. 돈 많이 버신 모양이죠?"

나 역시 청구서를 받았을 때 그 값에 놀랐었다. 그러나 그녀의 빈정거림에 나는 전혀 다른 태도를 보일 수밖에 없었다. 자기의 어리석음을 폭로할 때, 좋아하며 귀를 기울이는 사람은 거의 없다.

"다소 비싼 것 같기는 하지만, 품질 좋고 예술적 취향에 따라 만들어진 것이기 때문에 그 정도는 주어야지요."

다음 날에는 다른 부인이 찾아왔다. 그녀는 커튼을 보자 훌륭하다고 감탄하고 자기도 돈만 있으면 이렇게 만들고 싶다고 하며 부러워했다. 물론 이때 내 태도는 지난번과는 전혀 달라져 있었다.

"아니, 값이 너무 비싸요. 값을 알아보지 않고 주문한 것을 후회하고 있답니다."

남북전쟁 당시 미국 전역에서 가장 유명한 편집인이었던 호레스 그릴리는 링컨 대통령의 정책에 강력하게 반대했다. 그는 자기 주장을 관철시키기 위해 조소와 비난의 기사도 서슴지 않았다. 이러한 그의 공격은 몇 년 동안 계속되었다. 링컨 대통령이 부스의 흉탄에 쓰러진 날에도 그의 오만하고 불손하기 짝이 없는 인신 공격은 그치지 않고 있었다.

이렇듯 조소나 비난으로 타인의 생각을 바꿀 수는 없다. 사람을 다루는 법과 인격을 연마하는 방법을 알고 싶으면 벤자민 프랭클린의 자서전을 읽어보도록 하라. 이 책에서 프랭클린은 논쟁을 좋아하는 나쁜 버릇을 극복한 방법과 다른 사람의 충고를 들을 수 있게 되기까지의 과정에서 얻은 삶의 비결을 말하고 있다.

프랭클린이 혈기왕성하던 청년시절에 있었던 일이다. 퀘이커 교도였던 한 친구가 아무도 없는 곳에서 프랭클린에게 엄격한 충고를 했다.

"벤, 너는 틀렸어. 의견이 다르다고 싸울 듯이 덤비며 시비를 벌이다니. 이젠 네 의견을 듣는 사람이 아무도 없잖아. 네가 차라리 옆에 없는 것이 좋다고 하는 사람도 있어. 넌 스스로 만물박사라고 생각하고 있는 모양인데, 그런 너한테 아무도 말을 하려고 하질 않잖니. 너와 얘기를 하면 불쾌해질 뿐이라고들 해. 그렇게 되면 네 지식은 지금 이상으로는 발전할 가능성이 없어. 지금의 보잘것없는 그 지식 이상으로는 말이다."

이 호된 비난을 전폭적으로 받아들인 것이 프랭클린의 위대한 점이다. 그는 그때부터 변했다. 종래의 오만하고 완고한 태도를 버린 그는 마치 새롭게 태어난 듯했다.

프랭클린은 그때의 일을 이렇게 말하고 있다.

그뒤 나는 남의 의견에 직접적인 반대나 내 의견을 단정적으로 말하지 않기로 했습니다. '확실히'라든가 '틀림없이'와 같은 결정적인 말은 일체 사용하지 않고, 그 대신 '저는 이렇게 생각합니다만'이라든가 '그건 그렇게 여겨집니다' '그건 그런 것 같습니다'라고 말하기로 했습니다. 상대방의 잘못된 주장에도 즉각적으로 반대하거나 그 잘못을 지적하지 않았습니다. 그 대신 숨을 한번 고른 다음 '그러한 경우도 있습니다만 이 경우는 좀 사정이 다르게 생각되는데요' 하는 식으로 겸손하게 내 의견을 말했습니다.

처음에는 내 성격을 억제하는 게 상당히 고통스러웠습니다. 그러나 곧 극복되었으며, 마침내는 몸에 배어 버릇이 되어버렸습니다. 그뒤 지난 50여 년 동안

제3부 사람을 설득하는 방법 119

나는 독단적인 말을 하지 않았고, 그 결과 내가 새 제도나 개혁을 제안했을 때 많은 사람들의 적극적인 지지를 얻을 수 있었습니다.

이러한 프랭클린의 방법이 과연 사업하는 데에도 도움이 되는지 살펴보자. 다음은 뉴욕 시 리버티 거리에서 석유산업에 필요한 특수기재를 판매하는 마오니 씨가 경험한 사례이다.

그는 롱아일랜드의 한 고객으로부터 주문을 받았다. 고객의 요구에 따라 설계도가 만들어졌고, 고객의 승인을 받은 다음 제작에 들어갔다. 그런데 뜻밖의 어려움에 부딪쳤다. 제작을 의뢰한 고객이 자기 친구에게 설계도를 보였더니, 그 설계도대로 만들면 중대한 결함이 발생할 것이라고 했다는 것이다.

주문한 고객은 속았다고 생각하고, 그 기재가 너무 넓다든가 짧다든가 하면서 온갖 불평을 해댔다. 그리고 끝내는 제작중인 주문품을 받을 수 없다고 했다.

마오니 씨는 그때의 일을 다음과 같이 말했다.

나는 그 설계도를 재검토해 이상여부를 다시 한번 확인했습니다. 주문한 고객이나 그 친구의 이야기는 전혀 엉뚱한 것이었습니다.

나는 그를 만나기 위해 롱아일랜드로 갔습니다. 내

가 그의 사무실로 들어서자마자 그는 몹시 험한 표정으로 냅다 소리쳤습니다. 흥분한 기세로 한참 동안 펄펄 뛰던 그는 내게 불쑥 내뱉듯 말했습니다.

"자, 이제 어떻게 할거요?"

그때까지 말없이 그의 불만만 듣고 있던 나는 조용히 말했습니다.

"당신 말대로 합시다. 당신은 당연히 원하는 물건을 사야겠지요. 그러나 누군가가 이 책임을 지지 않으면 안됩니다. 만약 당신이 옳다고 생각한다면 새로운 설계도를 내게 주시오. 지금까지 2천 달러를 투자했는데, 당신을 위해 기꺼이 부담하겠습니다. 그러나 당신이 설계한 대로 했을 때 문제가 생기면 그땐 당연히 당신이 책임져야 합니다. 그러나 만일 우리 설계대로 진행한다면 그 책임은 계속 우리가 지겠습니다."

내 말이 끝났을 때 그의 흥분은 거의 가라앉은 듯했습니다.

"좋습니다. 설계도대로 하시오. 그러나 만약 당신의 설계도가 틀릴 때는 각오하시오."

그후 우리의 제작은 성공적으로 끝났고, 그는 단골이 되어 같은 장치를 2개 더 주문했습니다. 그러나 그때 내가 주문자로부터 받은 모욕은 정말 참기 힘든 것이었습니다. 그러나 참은 만큼의 보람은 있었습니다. 만약 그때 내가 그와 똑같이 화를 냈더라면 어떻게 되었을까요? 괴로운 다툼이 소송으로 발전해서 엄청난 손해를 입은 끝에 고객을 잃는 결과가 되었을 것입니다. 나는 상대방의 잘못을 따지는 것으로는 어떤 이익도 생기지 않는다고 확신합니다.

여기서 남북전쟁때 링컨 대통령의 적수였던 리 장군의 일화를 잠깐 살펴보기로 하자.

어느 모임에서 리 장군은 남부동맹 의장 제퍼슨 데이비스에게 한 장교에 대해 진지한 어투로 칭찬을 했다. 그 자리에 있던 한 장교가 깜짝 놀라 물었다.

"장군께서 그렇게 칭찬한 사람은 장군의 험담을 일삼아 하고 있다는 것을 모르십니까?"

그 물음에 리 장군은 얼굴에 미소까지 지으며 말했다.

"나도 알고 있네. 그런데 의장께서는 그 장교에 대한 내 의견을 물었지 나에 대한 그 장교의 태도를 물었던 게 아닐세."

상대방이 누구이든 논쟁을 해서는 안 된다. 상대방의 잘못을 직설적으로 지적해 상대방으로 하여금 화가 나도록 하지 말고, 외교적 수완을 다소 사용할 필요가 있다.

제 3 장
자신이 잘못했다면 분명히 인정하라

 내가 살고 있는 곳은 뉴욕 시 중심가였다. 그런데 집 바로 옆에 포리스트 공원이 있었다. 이 숲은 콜럼버스가 아메리카를 발견했을 때의 모습과 크게 다르지 않다. 봄이 되면 이 숲에는 산딸기가 작은 꽃을 가득 피웠다. 다람쥐가 보금자리를 만들어 새끼를 키우고, 잡초는 말의 키만큼이나 자라 있었다. 나는 보스턴산 불독 렉스를 데리고 이 공원으로 자주 산책을 갔다. 렉스는 사람을 잘 따르기 때문에 쇠줄과 입가리개를 하지 않았다.

 어느 날 산책을 하다가 공원 안에서 경찰을 만났다. 경찰은 대뜸 소리부터 질렀다.

 "입가리개를 하지 않고 개를 데리고 나오다니, 이건 안될 일이오. 법률에 위반된다는 것도 모르오?"

 경찰의 기세와는 달리 나는 조용히 대답했다.

 "예, 잘 알고 있습니다. 그러나 저 개는 사람에게 해를 끼치지 않기 때문에 괜찮을 거라고 생각했습니다만."

"생각했다고! 그건 무슨 뜻이오. 그렇게 생각하면 법률이 바뀐다는 겁니까? 당신의 개가 다람쥐나 아이들을 물지 않는다고 누가 보장해요. 오늘은 그대로 갑니다만 다음에 또 이런 일이 있으면 그땐 재판을 받아야 해요."

나는 순순히 앞으로 조심하겠다고 약속했고, 그 약속을 지켰다. 그러나 렉스가 재갈을 너무 싫어했다. 그렇게 싫어하는 걸 억지로 하게 하고 싶지 않아 그대로 데리고 다녔다. 한동안은 별일 없었다.

그러던 어느 날 산책나온 나와 렉스는 비탈길을 뛰어올라가고 있었다. 그때 난데없이 밤색 말을 탄 엄숙한 법의 수호자가 앞을 막아섰다. 나는 당황해 멈춰섰으나 아무것도 모르는 렉스는 그대로 경찰을 향해 달려갔다. 기어코 사건이 터졌다 싶어 나는 모든 것을 단념하고 그가 말을 꺼내기 전에 먼저 내 잘못을 이야기했다.

"기어코 현행범으로 잡히고 말았습니다. 제가 나쁩니다. 뭐라고 드릴 말씀이 없습니다……"

"아, 그래요. 그러나 주위에 사람이 없을 땐 이런 작은 개라면 그냥 데리고 다니고 싶은 게 당연하지요."

경찰의 목소리는 다정하기까지 했다.

"그래도 법은 법이니 지켜야지요."

"그렇긴 하지만, 이 작은 개가 누구를 괴롭히겠소?"

그는 오히려 두둔하는 발언을 했다.

"아니죠. 다람쥐라도 물지 모릅니다."

"그건 당신의 지나친 염려요. 그럼 이렇게 하면 어때요. 언덕 저쪽으로 데리고 가서 놓아주시오. 그렇게 하면 내 눈에도 띄지 않을 테니까요."

경찰도 역시 인간이다. 그의 중요성을 인정하는 것, 곧 그의 권위의식을 만족시키는 유일한 방법은 잘못을 인정하는 솔직함이다. 만약 내가 회피하려 했다면, 결국은 시비를 벌이게 되었을 것이다. 시비하는 대신, 나는 그쪽이 옳고 내가 나쁘다는 것을 시인했고, 그 결과 서로 양보하는 마음이 생겼다.

자기의 잘못을 알면 지적당하기 전에 먼저 말하는 것도 좋은 인간관계를 위한 하나의 방법이다. 타인의 비난보다는 스스로의 비판이 훨씬 마음 편하기 때문이며, 또 그렇게 하면 상대방은 관대해지고 잘못을 용서하게 될 것이기 때문이다. 나와 렉스를 용서한 경찰과 같이.

'광고용 그림은 면밀하고 정확해야 한다.'고 주장하는 상업미술가 워렌 씨가 이렇게 해 까다로운 고객의 마음을 돌린 일이 있다. 다음은 워렌 씨가 경험한 사례이다.

미술편집자들은 주문한 일을 제작일정에 관계없이 무리하게 독촉하는 경우가 있다. 독촉을 받으면 실수가 일어나기 쉽다. 내가 알고 있는 어떤 미술편집자는 이런 실수를 찾아냈을 때 기뻐하는 듯이 보이는 사람이었다.

최근 나는 독촉 때문에 서둘러 한 일감을 그에게 전달했다. 얼마 후 그로부터 자기 사무실로 빨리 오라는 전화가 걸려왔다. 문제가 생겼다는 것이다.

내가 도착했을 때, 예상한 대로 잔뜩 얼굴을 찌푸리고 있던 그는 나를 보자마자 혹평을 쏟아놓기 시작했다. 평소 품어왔던 자기의 비평 안목을 최대한 발휘할 기회가 찾아와 신이 난 것처럼 보였다. 나는 치밀어오르는 울화를 누르며, 공손하게 말했다.

"그게 사실이라면 내가 잘못한 것이 틀림없습니다. 뭐라고 말씀드려야 할지 모르겠습니다. 당신 일을 여러 해 동안 해왔으면서도 이런 실수를 저질러 참으로 부끄러울 뿐입니다."

내 말에 놀란 듯싶더니 그는 곧 태도를 바꾸었다.

"아니, 그렇지만 뭐, 그 정도는 괜찮아요. 조금 안 좋기는 해요. 하지만……"

나는 이어지는 그의 말을 자르면서 재빠르게 내 잘못을 강조했다.

"어떤 잘못이라도 잘못은 잘못입니다."

그는 또 뭐라고 말하려 했으나 나는 여유를 주지 않은 채 나 자신에 대한 비판을 계속했다. 나는 매우 유쾌했다. 자기 비판은 난생 처음이었으나, 해보니 여간 재미있는 것이 아니었다. 나는 열성적으로 제의했다.

"좀더 신중했어야 했는데, 그만 이렇게 실수를 하고 말았군요. 지금까지 당신에게 많은 도움을 얻고 있는데…… 처음부터 다시 시작해야겠습니다."

"아니, 그렇게까지 수고를 끼칠 생각은 없어요."

그는 조금만 고쳐주면 좋겠다고 했다. 그 잘못으로 큰 손해가 생긴 것도 아니고, 아주 작은 문제일 뿐이니 정말 조금만 고치면 된다는 것이었다.

내가 줄곧 비판을 해서인지 까다로운 그였지만 나를 대하는 태도가 관대하게 바뀌었다. 결국 이 사건은 내가 그에게 점심대접을 하고, 헤어지기 전에 그가 수표와 함께 다른 일거리를 맡기는 것으로 끝났다.

자신의 실수를 인정할 수 있는 용기는 당사자에게 만족감을 느끼게 하고, 상대방에게는 저항적인 태도 대신 관대한 태도를 지니게 하며, 결국에는 실수로 인한 문제해결을 가능하게 한다. 그리고 자기 잘못을 인정하는 것은 그렇게 하는 이의 고결한 인격을 돋보이게 한다.

그 예로 남북전쟁 당시 남군 총사령관이었던 리 장군의 미담, 피케트 장군의 게티스버그 진격작전의 실패를 혼자 떠맡았던 이야기를 소개한다.

피케트 장군의 진격작전은 세계 전쟁사에서 그 예를 찾아볼 수 없을 만큼 치열했다. 피케트 장군은 용맹스런 군인이었지만, 이탈리아 전선에서의 나폴레옹과 같이 전장에서도 매일 열렬한 사랑의 편지를 쓴, 붉은 갈색 머리칼을 어깨까지 늘어뜨린 멋쟁이였다.

6월의 어느 날 오후, 피케트 장군은 모자를 비스듬히 쓴 모습으로 말에 올라타 진격했고, 그를 신뢰하는 부하들은 바람에 나부끼는 군기 아래 총검을 번쩍이면서 장군의 뒤를 따랐다. 장군의 부대가 산과 계곡을 넘어 세미트리 리치 언덕에 닿았을 때였다. 돌연 돌담 뒤에서 북군이 일제 사격을 퍼부어왔다. 세미트리 리치 언덕은 순식간에 총알이 쏟아지는 싸움터로 변했다.

이 격전 속에 피케트 군대 5천 명의 군사는 5분의 1로 줄어들었다. 살아남은 유일한 장교 어미스테드 대장이 병사들을 이끌고 최후의 돌격을 감행했다. 총검 끝에 모자를 꽂아 흔들면서 "돌격!"을 목이 터져라 외쳤다.

돌격 명령과 함께 돌담을 넘어 적진 속으로 뛰어든 남군은 마침내 그들의 깃발을 세미트리 리치에 꽂는 데 성공했다. 그러나 그 점령은 아주 잠깐 동안만이었다. 그것은 순식간에 타오르고 만 남부군의 가련한 순간의 승리이며 절정이었다.

피케트 장군 부대는 용감했지만 작전에서 실패했다. 이로써 남부연맹의 운명은 위태롭게 되었고, 리 장군은 남부연맹 의장 데이비스에게 사직서를 제출했다. 만약 리 장군이 피케트 부대의 실패 책임을 변명하려 했다면, 얼마든지 가능했다. 휘하 사령관 중에는 그의 명령을 어긴 사람도 있었고, 기병대도 돌격에 늦었다.

그러나 다른 사람에게 책임을 전가하기에는 리 장군은 너무나도 고결한 인물이었다.

어떤 인간관계에서든 비난당하는 사람이 자기를 낮추면 대개의 경우 상대방은 아무 말도 할 수 없게 된다. 자기가 옳을 때는 친절하게 설득하고, 또 자기가 잘못했을 때—잘 생각해 보면 자기가 틀릴 경우는 놀랄 만큼 많다—는 재빨리 자기 잘못을 시인하도록 하라. 그러면 예상 밖의 효과가 있을 것이다. 괴로운 변명을 하기보다 잘못을 시인하는 편이 훨씬 유쾌하다.

속담에 "싸움으로 얻을 수 있는 것은 없다. 그러나 양보한다면 기대 이상을 얻을 수 있다."고 하지 않았는가.

제 4 장
다정하게 말하라

 화가 났을 때 상대방에게 하고 싶은 말을 다하고 나면 가슴이 후련해질 것이다. 그러나 공격당한 쪽은 어떨까?
 이에 대해 윌슨 대통령은 다음과 같이 말했다.
 "만약 상대방이 주먹쥐고 대들면 나도 주먹을 쥐고 맞선다. 그러나 상대방이 '앞으로 주의합시다. 서로 의견이 다르다면 그 이유나 문제점을 밝혀봅시다' 하고 조용하게 말하면, 의견 차이는 생각보다 쉽게 해결될 것이다."
 이 말을 누구보다 잘 이해하고 또 잘 활용했던 사람은 존 록펠러 2세였다.
 1915년, 미국 산업사상 유례없는 대파업사태가 2년에 걸쳐 콜로라도 주를 온통 뒤흔들었다. 성난 광부들이 콜로라도 석유와 강철회사에 임금인상을 요구했다. 이들 회사는 록펠러의 소유였다. 회사 건물이 파괴되고, 군대가 출동해 마침내는 발포와 유혈사태까지 빚어졌다.

회사측에 대한 광부들의 증오와 분노가 극한사태에 이른 속에 록펠러는 그들의 설득을 위해 나섰다. 그리고 결국은 이 일을 훌륭하게 해냈다.

록펠러는 임금인상을 요구하며 유혈사태까지 빚은 파업광부들에게 우호적인 태도로 진정어린 설득을 해나갔다. 연설이 끝난 뒤 광부대표들은 임금인상에 대한 약속도 받지 않고 모두 각자의 일터로 복귀했다. 그때 록펠러가 행한 연설은 "이 자리에 선 것이 자랑스럽고" "우리가 여기서 만난 것은 낯선 사람들로서가 아니라 친구로서"라는 식의 우호적인 말로 이어졌다. 그 연설을 잠깐 살펴보기로 하자.

오늘은 내 생애에서 특별한 날입니다. 우리 회사 임직원과 광부대표 여러분들을 이렇게 만나게 된 것은 일찍이 없던 영광이자 행운입니다. 이 자리에 서게 된 것이 자랑스럽고, 이 만남을 영원히 기억할 것입니다. 만약 이 자리를 2주 전에 마련했더라면 아마 나는 극히 몇몇 분밖에는 알지 못하는 낯선 사람으로 이 자리에 섰을 것입니다. 지난 2주 동안 나는 남부 탄광촌을 찾아 부재중인 분을 제외하고는 거의 모든 대표 여러분과 개별적으로 이야기를 나누고, 또 여러분 가정을 방문해 가족들도 만났습니다. 그래서 오늘 우리는 낯선 사람으로서가 아니라 친구로서 만나게 된 것입니다. 이 우호적인 관계 속에 여러분과 함께 공동이해에 대해 의논하는 시간을 갖게 된 것을 정말 기쁘게 생각합니다. 이 자리는 간부사원들과 광부대표 여러분들께서 마련한 것으로 알고 있습니다. 간부사원도 아니고 광부대표도 아닌 내가 오늘 이 자리에 서게 된 것은 오로지 여러분들의 호의 때문입니다.

이는 바로 적을 친구로 만드는 훌륭한 방법이다. 만약 록펠러가 다른 방법을 취해 토론을 벌이고 사실을 앞세워 잘못의 책임소재를 따지는 식의 주장을 한다든가, 증명하려 했다면 어떻게 되었을까? 그야말로 붙는 불에 기름을 붓는 것과 같은 결과가 되었을 것이다.

일반적으로 사람들이 노동쟁의에 맞닥뜨리는 일은 드물지만, 집세나 땅값의 가격 때문에 어려운 경우는 얼마든지 있다. 그러한 때 이 방법이 얼마나 유용한지 살펴보기로 한다. 스트로브 씨는 내 강좌 수강생으로 집세를 싸게 할 필요가 있었고, 집주인은 인색하기로 소문난 고집쟁이였다. 다음은 그의 경험담이다.

나는 계약기간이 끝나는 대로 아파트를 비우겠다고 집주인에게 통고했다. 그러나 집세를 싸게 해주기만 하면 그대로 있고 싶었다. 다른 세든 사람들 모두가 실패했으며, 집주인만큼 다루기 힘든 사람도 없다는 공론이었다. 상황은 매우 비관적이었다. 그러나 나는 '내가 배운 사람 다루는 법을 집주인에게 적용해 효과를 시험해 보자.'는 생각이었다.

내 통고를 받은 집주인은 비서를 데리고 나타났다. 나는 그를 맞아 진심에서 우러나는 호의를 보였다. 집세가 비싸다는 말은 내비치지 않았다. 먼저 아파트가 마음에 든다고, 관리를 잘 한다고 칭찬하면서 한 1년쯤 더 있고 싶으나 그럴 수 없게 되었다고 했다.

지금까지 세든 사람들로부터 이러한 환대를 받은 일이 한 번도 없었던 듯 그는 전혀 예기치 못했던 태도를 보였다. 그는 자기 괴로움을 얘기했다. 단점만 말하는 어떤 임대자는 14통이나 항의편지를 보내고, 집주인의 책임이니 위층 입주자의 코고는 소리를 멈추게 해주지 않으면 계약을 파기하겠다고 위협하는 등 이루 다 말할 수 없을 정도라고 했다. 그러면서 내가 말을 꺼내기도 전에 집세를 조금 내려주겠다고 했는데, 내가 생각했던 것보다는 비싸 내가 지불할 수 있는 금액을 말했다. 집주인은 그 자리에서 승낙했다.

만약 내가 다른 임대자들과 같은 방법으로 했더라면, 나 역시 그들과 같이 실패했을 것임에 틀림없다. 우호적인 태도가 이와 같은 성공을 가져온 것이다.

내가 미주리 주의 시골마을에 있는 작은 학교에 다니

던 어린 시절, 태양과 북풍이 힘자랑을 하는 이솝 이야기를 읽은 일이 있다.

북풍이, "저기 코트를 입고 가는 노인 보이지? 내가 자네보다 먼저 저 노인의 코트를 벗기고 말겠다." 하고 말했다. 태양은 구름 뒤로 숨고, 북풍은 기세좋게 몰아쳤다. 그러나 북풍이 거세질수록 노인은 코트자락을 더욱 세게 움켜쥐었다. 북풍은 기진맥진했다. 태양이 구름 사이에서 얼굴을 내밀고 웃으며 노인을 비치기 시작했다. 곧 노인은 이마의 땀을 닦으며 코트를 벗었다.

내가 이솝 우화를 읽었을 무렵 멀리 떨어져 있는 보스턴에서 B씨에 의해 이 우화가 옳다는 것이 실증되었다. 그 20년 후, B씨가 강좌에 참가해 당시의 이야기를 해주었다.

당시 보스턴 신문에는 이상한 광고가 게재되었다. 돌팔이 의사들이 광고를 이용해 환자의 공포심을 조장하고 엉터리 치료를 해 이익을 보고 있었다. 희생자가 많았으나, 처벌받은 의사는 없었다. 대부분 약간의 벌금으로, 아니면 정치적 압력을 이용해 사건을 무마시켰다.

보스턴 시민들은 분개했다. 각종 민간단체, 실업가, 교회, 여성단체, 청년단체 등 모두 들고일어나 신문을 비난하고 광고게재를 중지하라고 주장했으나 효과가 없었다. 주의회에서 치열한 논쟁이 벌어졌으나, 결국 금력에 의한 매수와 정치적 압력에 의해 흐지부지되고 말았다.

당시 B씨는 보스턴 시 그리스도교 연합회 회장으로, 전력을 다했으나 마찬가지였다. 의료범죄와의 싸움은 절망적인 것 같았다.

어느 날 B씨는 새로운 방법을 생각해 냈다. 친절과 동정과 감사의 마음으로 신문 발행자들이 자발적으로 중지하도록 하는 심리작전을 펴기로 했다. 그는 『보스턴 헤럴드』지 사장에게 진심으로 신문을 찬양하는 편지를 썼다. 자기는 애독자인데, 뉴스는 깔끔하고 사설도 뛰어나다고 하면서 일류급에 속하는 신문이라고 칭찬했다. 그리고 다음과 같은 글을 덧붙였다.

어느 날 한 친구의 딸이 귀지의 낙태광고를 보고 광고에 나오는 말의 의미를 물어왔는데, 당황한 그 친구는 대답할 말을 찾지 못했다고 합니다.

귀지는 보스턴 상류사회에서 읽히고 있습니다. 귀하에게 딸이 있다면 그러한 신문을 읽히고 싶으시겠습니까? 딸이 그러한 질문을 하면 당신은 어떻게 대답하시겠습니까?

귀지에 부모로서 자식에게 읽히고 싶지 않은 곳이 있다는 것은 참으로 유감입니다. 귀지를 애독하는 많은 사람들도 나와 같은 느낌일 것입니다.

이틀 후, 『보스턴 헤럴드』지 사장으로부터 회답이 왔

다. B씨는 그 답장을 20년 동안이나 보관하고 있었다.

    B씨, 보십시오.
    친절한 편지 감사하게 받아보았습니다. 제가 부임한 이래 이 문제 때문에 계속 괴로움을 느껴왔는데 이제야 결단을 내리게 되었습니다. 그것은 오로지 귀하의 편지 덕분입니다.
    오는 월요일 이후부터 『보스턴 헤럴드』지상에서 수상쩍은 광고는 모두 삭제하겠습니다. 또 부득이 게재하는 의료광고에서는 독자에게 지장이 없도록 주의를 다하겠습니다. 다시 한번 감사드립니다.

예수가 태어나기 600년 전, 고대 그리스의 노예였던 이솝은 불후의 명작 『이솝 우화』를 썼다. 그 교훈은 그 옛날의 아테네에서나 현대의 보스턴에서도 진리로 받아들여진다. 태양은 세찬 북풍보다 빠르게 코트를 벗게 할 수 있다. 친절과 감사, 우호적 감정은 세상의 모든 노여움보다도 쉽게 사람의 마음을 바꿀 수 있다.

제 5 장
긍정적 대답을 이끄는 질문을 하라

 어떤 경우에라도 처음부터 의견이 충돌되는 문제를 끄집어내서는 안된다. 먼저 의견이 일치하는 대목부터 시작한다. 그러면서 같은 목적을 향해 노력하고 있고, 차이점은 다만 그 방법에 있음을 이해하도록 한다.
 오버스트리트 교수는, "상대방이 한번 '아니오'라고 말하게 되면 그것을 '네'로 바꾸는 것은 여간 어려운 일이 아니다. 자기 입으로 한번 말한 것을 바꾸기에는 자존심이 허락하지 않기 때문이다. 그래서 계속 고집하게 되는데, 그러므로 처음부터 '네'라는 말이 나올 수 있도록 화제를 이끌어나가는 기술이 필요하다."고 강조한다.
 이러한 방법을 체득하고 있는 사람은 먼저 상대방에게 몇 번이고 "네"라는 말이 나오도록 유도한다. 그러면 상대방의 심리는 긍정적인 방향으로 움직이기 때문이다. 그것은 마치 당구공의 움직임과도 같다. 당구공을 어느 한 방향으로 친 다음 구르는 공의 방향을 바꾸려면 많은 힘이 필요하다. 그리고 반대방향으로 바꾸는 데에는 훨씬 더 큰 힘이 소모된다.

인간의 심리적 패턴은 거의 일정한 특성을 지닌다. 부정적 심리의 경우, 우리가 "아니오" 하고 거부할 때 그 말이 입밖으로 나옴과 동시 우리 몸의 각종 분비선, 신경, 근육 따위 조직이 일제히 거부태세를 취한다. 그런데 "네"라고 할 경우, 이러한 현상은 전혀 일어나지 않는다. 우리 몸의 조직은 무엇인가를 받아들이려는 태세를 갖춘다. 그러므로 대화 처음에 "네"라는 말을 많이 하게 하면 할수록 상대방을 자신의 생각대로 이끌 수 있다.

타인에게서 "네"라는 대답을 이끌어내는 기술은 간단하다. 그러면서도 그 효과는 크다. 그런데 이 간단한 기술은 별로 이용되지 않고 있다. 처음부터 상대방의 의견에 반대하는 것이 자기의 중요성을 강조하는 길이라고 생각하는 사람까지 있다.

급진파와 보수파가 이야기하면 금방 상대방을 화나게 만들고 만다. 단순히 즐기기 위해서라면 모르지만, 어떤 성과를 기대한다면, 인간 심리를 무시한 이러한 태도는, 목적한 일을 그르칠 수도 있다.

처음 "아니오"라는 대답이 나온 뒤 그것을 "네"라는 긍정적인 대답으로 바꾸는 데는 상당한 지혜와 인내가 필요하다. 뉴욕의 그리니치 은행 출납계원 제임스 에버

슨은 "네"라고 말하게 하는 기술을 이용해 놓칠 뻔한 고객을 다시 잡을 수 있었다. 다음은 그의 경험담이다.

한 손님이 예금구좌를 개설하기 위해 왔다. 나는 구좌개설을 위해 기록할 필요가 있는 사항을 묻기 시작했다. 그 손님은 대개의 질문에는 묻는 즉시 대답해 주었지만, 어떤 질문에는 아무 말도 못 들은 척하면서 대답을 하지 않았다.

내가 인간관계에 대한 강좌를 듣지 않았을 때 상대방이 이런 태도를 보였다면, 나는 당연히 구좌를 개설해 줄 수 없다고 했을 것이다. 부끄러운 얘기지만 사실 나는 그때까지 그렇게 행동해왔다. 원리원칙대로 상대방을 몰아세우는 것은 확실히 통쾌한 일이기도 하다. 은행 규칙을 방패삼아 자기의 우월한 입장을 상대방에게 과시했다고도 할 수 있다. 그러나 어떠한 필요에 의해서든 강압적 태도는 손님에게 절대로 호감을 줄 수 없다.

나는 은행측이 아닌 손님의 입장에서 손님이 처음부터 "네"라고 말함으로써 긍정적인 방향을 취할 수 있도록 했다. 그 첫번째 단계로 마음에 들지 않는 질문에는 구태여 대답할 필요가 없다고 말했다. 그리고 다음과 같이 덧붙였다.

"하지만 손님, 만약 예금을 하신 후 손님에게 불의

의 사고가 있을 경우 어떻게 합니까? 법적으로 당신의 가장 가까운 친척을 찾을 수 있도록 해야겠지요?"

"그렇지요."

내 물음에 그는 긍정적인 대답을 했다.

"그런 경우 당신을 위해 우리들이 정확하고 신속하게 수속을 밟을 수 있도록 당신의 가까운 친척 이름을 알아두는 것이 좋다고 생각하지 않습니까?"

"네, 그렇군요."

그는 또 긍정적인 대답을 했다.

내 질문이 우리 은행이 아닌 그를 위한 것임을 알자, 그의 태도가 바뀌었다. 필요한 사항에 관해 자세하게 얘기했을 뿐만 아니라, 나의 권유에 따라 자기 어머니를 수취인으로 한 신탁구좌를 개설했다. 그가 다른 많은 사람들의 경우와는 달리 나의 말대로 움직이게 된 것은 처음부터 그에게 "네"라고 긍정적인 대답을 하게 했기 때문이라고 생각한다.

다음은 웨스팅 하우스 사의 판매책임자인 조셉 앨리슨 씨가 경험한 이야기이다.

내 담당구역에 한 제작회사가 있었다. 우리 회사에서는 그 회사에 제품을 팔기 위해 여러 방법을 강구하고 있었다. 전임자가 제품주문을 받기 위해 10년 동안이나 그 회사를 찾아다녔으나 아무 소용도 없었다는 일화가 전해 오고 있었다.

나도 이 구역을 맡고부터 3년 동안 그 회사를 찾아다녔으나 제품주문을 맡고 있다는 사람을 만날 수조차 없었다. 마침내 열번째 방문에야 서너 대의 모터 주문을 받게 되었다. 그러나 사용해 보고 성능이 좋으면 수백 대의 주문을 받을 수 있어서 나는 기대하고 있었다. 우리 회사 제품의 성능은 믿을 만했으니까.

나는 3주 후 기대를 하며 주문을 해준 기술감독을 찾아갔다. 그는 나를 보자마자 이렇게 말했다.

"앨리슨, 자네 회사 모터는 안되겠어."

나는 이 뜻밖의 사태에 깜짝 놀랐다.

"왜, 도대체 무슨 이유에섭니까?"

"사용중에 너무 열이 나. 뜨거워 손을 댈 수가 없을 정도란 말이야."

나는 이 엉뚱한 말에 화가 치밀었다. 그러나 이러한 때 화를 내서는 안된다. 나는 숨을 고르고 나서 상대방이 "네"라고 대답할 질문부터 하기 시작했다.

"아, 그러셨군요. 저희 모터를 더 주문하시라는 건 무리이겠습니다. 협회가 정해 놓은 기준보다 열이 나지 않는 제품을 선택하셔야지요. 그렇지 않습니까?"

내 물음에 그는 아무 생각 없이 그렇다고 했다. 첫 번째의 긍정적인 대답은 얻은 셈이었다.

"협회 기준으로 모터의 온도가 실내 온도보다 화씨 72도까지 올라가는 것은 인정되지 않습니까?"

그는 또 그렇다고 대답했다. 나는 계속 물었다.

"공장 안 온도는 몇 도쯤입니까?"

그는 잠깐 생각하더니 가볍게 대답했다.

"아마 75도쯤 될 거요."

"공장 안 온도가 75도, 거기에 72도를 더하면 147도가 되는군요. 화씨 147도의 물에 손을 넣으면 정말 너무 뜨겁겠지요?"

그는 역시 그렇다고 대답했다.

"감독님, 협회 기준 온도에 맞는 모터라도 사용하다 손을 대면 매우 뜨거울 텐데, 미리 조심을 해야 하지 않을까요?"

나는 될 수 있는 대로 부드럽고 친밀하게 목적했던 말을 꺼내었다.

"하긴 그렇구먼. 자네 말이 옳아."

마침내 그는 승복했으며, 다음날 약 3만 5000달러에 해당하는 제품을 주문해 왔다.

인류 사상사에 일대 변혁을 초래한 아테네의 철학자 소크라테스는 사람을 설득하는 데, 그가 살았던 당대로부터 지금에 이르기까지 가장 탁월한 사람이었다. 그는 상대방의 잘못을 지적하는 일 따위는 하지 않았다. 그 유명한 '소크라테스식 문답법'을 이용해 상대방으로부터 "네"라는 대답을 이끌어냈을 뿐이다.

그는 먼저 상대방이 "네"라고 대답할 수밖에 없는 질문을 한다. 그 다음 질문도 같은 방식으로 거듭 되풀이한다. 상대방은 스스로 깨닫지 못하는 사이에 자기가 최초에 부정했던 문제에 대해 어느 사이에 "네"라고 대답하고 있다.

상대방의 잘못을 지적하고 싶으면 소크라테스의 방식을 생각하면서 상대방에게 "네"라는 대답을 유도하도록 하라. 그리고 다음의 중국 격언을 기억하라. 이는 5천년의 역사를 지닌 민족에게나 어울리는 명언이다.

"부드러움이 능히 강한 것을 꺾는다."

제 6 장
상대방이 이야기하도록 하라

다른 사람을 설득시키기 위해 혼자 끊임없이 말하는 사람이 있다. 특히 세일즈맨 중에 이러한 잘못을 저지르는 사람이 많다. 상대방에 관한 한 다른 어느 누구보다 그 자신이 가장 잘 알고 있다. 그러므로 되도록이면 당사자가 말하도록 유도하는 것이 좋다.

상대방이 말하는 중에 자기 의견을 말하고 싶어도 참지 않으면 안된다. 아직 할 말이 많은데 끼어드는 것을 상대방은 참아내지 못할 것이기 때문이다. 넓은 마음으로 참을성 있게 상대방의 말을 끝까지 들어준다. 그리고 그의 말이 끝났을 때 말한다. 이 방법을 세일즈에 이용하면 어떻게 되는가. 다음의 사례는 어쩔 수 없이 이 방법을 택한 한 판매책임자의 경험담이다.

몇 년 전 미국 최대의 자동차회사에서 차내 시트용 직물제품 1년치를 구입하는데, 세 회사에서 견본을 제출했다. 자동차회사의 중역들은 그 견본을 세밀히 검토하고 최종 설명을 들은 후 결정할 테니 지정된 날짜에 다시 찾아와 달라고 각 직물회사에 알렸다.

견본을 제출한 세 회사 중에 한 직물회사의 대표 R씨는 바로 그 무렵 악성 후두염을 앓고 있었다. 그렇지만 그는 지정된 날에 자기 제품에 대한 최종 설명을 위해 자동차회사로 갔다.

내 차례가 돌아왔다. 나는 될 수 있는 대로 자세하게 우리 회사 제품의 특성을 밝혀야 하는데 목소리가 걱정이었다. 나는 어떤 사무실로 안내되었는데 그곳에는 자동차회사 사장을 비롯해 각 부문의 책임자가 쭉 둘러앉아 있었다.

나는 최선을 다할 작정이었으나, 평소의 목소리가 나오지 않았다. 할 수 없이 나는 종이쪽지에 '후두염을 앓고 있어 목소리가 나오지 않습니다. 오늘은 저희 제품에 대해 설명할 수가 없습니다.' 하고 적어 사람들에게 들어 보였다. 그것을 본 사장이 말했다.

"당신을 대신해 내가 자료대로 설명해 보겠소. 부족할 때는 당신이 글로 써서 보충하시오."

그러고는 우리 회사에서 제출한 견본과 자료를 펼치더니 제품에 대한 설명을 하기 시작했다. 사장의 제품 설명이 끝나고 각 부서 책임자로부터 활발한 의견이 제기되었다. 대역을 맡고 있어서인지 사장은 내 편이었다. 나는 사장의 설명과 답변에 미소를 짓거나 머리를 끄덕이는 것만으로도 충분했다.

결과는 성공적이었고, 나는 무척 만족스러웠다. 나는 50만 야드의 직물을 주문받았다. 금액으로 계산하면 160만 달러이다. 내게는 생전 처음의 큰 거래였다. 그때 만약 내가 후두염을 앓지 않았더라면, 도저히 그 주문은 맡을 수 없었을 것이다. 나는 그때까지 세일즈 방식에 대해 잘못된 생각을 가지고 있었다. 자기가 화제를 주도하기보다 상대방에게 기회를 주는 것이 훨씬 더 이익이 된다는 사실을 알지 못했다.

이러한 방식에 대해서는 필라델피아 전기회사의 조셉 웰 씨도 잘 알고 있었다. 다음은 웰 씨의 경험담이다.

웰 씨는 펜실베이니아 주에서 부유한 네덜란드 인들이 모여사는 농업지대를 둘러본 적이 있었다. 깨끗하게 손질되어 있는 농가 앞을 지나면서 웰 씨는 그 지구 담당자에게 물었다.

"왜 이 부근 농가는 전기를 사용하지 않는가요?"

"인색한 구두쇠들이 많아서 그런지 지금까지 몇 번이나 권유해 보았지만 얘기가 되질 않습니다."

웰 씨는 직접 부딪쳐볼 생각으로 가까운 농가를 찾

왔다. 문이 조금 열리고 한 노부인이 얼굴을 내밀었다. 그 노부인은 우리가 전기회사 사람인 것을 알자 문을 닫아버렸다. 나는 몇 번이고 문을 두드렸다. 문은 다시 열렸으나 노부인은 험한 기세로 욕을 퍼부었다.

"소란을 피워 죄송합니다. 저는 전기문제로 온 것이 아닙니다. 다만 달걀을 나누어주십사고 찾아왔습니다."

노부인은 의심쩍은 얼굴로 문을 좀더 열었다.

"댁의 닭은 참 훌륭합니다. 도미니크 종 같네요. 달걀을 한 꾸러미쯤 팔 수 있겠습니까?"

문이 좀더 열리더니 노부인은 내게 물었다.

"어떻게 도미니크 종이라는 걸 알았나요?"

"나도 닭을 치고 있는데, 이렇게 훌륭한 닭은 본 적이 없습니다."

"왜, 집의 달걀을 쓰시지?"

노부인은 아직 석연치 않다는 눈치였다.

"우리 집에서는 레그혼 종을 기르고 있습니다. 그래서 흰 달걀밖에 없답니다. 부인께서는 직접 요리를 하시니 아시겠지만, 과자를 만들려면 흰 달걀보다도 노란 달걀이 훨씬 좋잖아요?"

얘기를 주고받는 동안 문은 활짝 열리고 강아지까지 달려나왔다. 그 동안에 나는 이 농장에 낙농설비가 갖추어져 있음을 보았다.

"키우면서 재미를 보기 위해서는 닭이 우유를 내는

젖소보다 더 낫다고 생각합니다만, 어떻습니까?"

내 말은 바로 적중했다. 그것은 노부인이 남에게 얘기하고 싶어하는 문제였다. 노부인은 닭장을 구경시켜 주었다. 나는 그 부인이 만들었다고 생각되는 장치가 눈에 띄는 대로 진심으로 칭찬했다. 그러면서 사료는 어떤 것이 좋고, 온도는 몇 도가 적당하다는 등 양계에 대한 온갖 얘기를 들었다. 즐겁게 얘기하다 문득 생각난 듯 노부인은 닭장에 전등을 켜줘 좋은 실적을 올리는 농가가 이웃에 있는데, 정말 그것이 유리한지 솔직한 얘기를 들려달라고 했다.

이 방문으로 나는 전기공사 주문을 맡았고, 2주일 후 노부인의 닭들은 밝은 전등불 아래서 모이를 쪼고 있었으며, 그녀는 보다 많은 달걀을 얻게 되었다. 내 경험에서 가장 중요한 점은, 만약 내가 노부인에게 말하도록 하지 않았더라면 나는 주문을 받지 못했을 것이라는 사실이다.

판매를 하거나 주문을 받을 때 강제로 하지 말고, 살 사람이나 주문할 사람의 마음을 돌리는 것이 중요하다. 다음은 이 방법을 채용면접에 이용해 성공한 경우다.

최근 『뉴욕 헤럴드 트리뷴』지 경제란에서 '경험 있는 우수한 인물'을 찾는다는 구인광고를 보고 찰스 큐벨리스라는 젊은이가 응모했다. 며칠 후 면접 통지서가 왔다.

면접에 앞서 그는 그 회사 설립자에 대한 조사를 해두었다. 면접을 위해 사장 앞에 섰을 때 그는 말했다.

"이렇게 훌륭한 회사에서 일하고 싶습니다. 제가 듣기로는 28년 전에 거의 무일푼으로 이 회사를 시작하셨다고 하는데 그것이 사실입니까?"

성공한 사람들은 고생담을 남에게 이야기하는 것을 좋아한다. 이 사장도 예외는 아니었다. 그는 자금 450달러와 독자적인 아이디어 하나로 사업을 시작한 당시의 어려움을 이야기했다. 쉬는 날도 없이 일해 마침내 현재의 지위를 쌓아올렸으며, 지금은 월가의 저명인사들이 그의 의견을 구하러 온다고 했다. 이야기를 끝낸 그는 큐벨리스의 이력에 관해 간단히 질문했다. 그리고 부사장을 불러, "저 사람을 채용하는 것이 좋겠소." 하고 말했다.

큐벨리스가 입사하기를 희망했던 회사 사장만이 아니다. 대부분의 사람들은 자기 공훈담을 이야기하고 싶어한다. 일반적으로 사람들은 자랑할 만큼 대단한 존재가 아니다. 백 년도 못 되어 우리 모두는 죽거나 세상에서 잊혀지고 만다. 부질없는 자랑거리를 다른 사람들에게 들려줄 여가가 없다. 다른 사람이 얘기하도록 하라. 겸손이 상책이다.

제 7 장
스스로 생각하게 하라

인간은 다른 사람으로부터 강요된 의견보다는 자기 스스로 생각해 낸 의견을 훨씬 중요하게 여긴다. 그러므로 다른 사람에게 자기 의견을 제안하고, 결정은 상대방이 내리게 하는 것이 현명하다.

필라델피아에 살고 있는 아돌프 셀츠 씨는 어느 자동차판매영업소 소장으로 내 강좌에 참석하고 있다. 그는 자동차 판매부진으로 세일즈맨들이 모두 의욕을 잃고 있는 모습에 그들을 격려할 필요를 느꼈다. 어느 날 그는 판매회의를 열어 그들의 요구사항을 솔직하게 말하도록 하고, 그들의 요구사항을 칠판에 적은 후 말했다.

"여러분의 요구사항은 받아들이겠습니다. 이제 내가 여러분들에게 기대하고 여러분들이 받아들일 수 있는 사항에 대해 말해 주기 바랍니다."

셀츠 씨의 말에 그들은 여러 가지 사항들을 이야기했

다. 일에 대한 의욕, 적극성, 낙관주의, 협동심, 솔선수범, 하루 8시간의 열성적인 근무, 그중에는 하루 14시간 근무를 약속하는 사람도 있었다. 판매회의는 성공적으로 끝났으며, 그들에게 새로운 의욕과 용기를 주었다. 그후 셀츠 씨 영업소의 판매 실적은 놀랄 만큼 향상되었다.

이에 대해 셀츠 씨는 다음과 같이 말하고 있다.

"그들은 나와 약속했습니다. 일종의 도의적인 계약을 맺었던 것이지요. 내가 약속을 지키는 한 그들 역시 충실하게 약속을 지키려 했던 것이지요."

누구나 다른 사람으로부터 강요당하거나 명령받는 것을 싫어한다. 그러나 스스로 행동한다든지, 남이 자기에게 의견을 물어왔을 때 들어주는 것은 아주 좋아한다. 이러한 인간 본성을 깨닫기까지 수천 달러의 수수료를 손해본 유진 웨이슨 씨의 예를 들어 살펴보자.

웨이슨 씨는 직물 제조업자에게 도안의 아이디어를 담당하는 스튜디오에 밑그림을 공급하고 있었다. 그는 이 일을 위해 뉴욕 일류 디자이너 중 한 사람을 3년 동안 매주 방문하고 있었다.

"그 사람은 나를 만나주기는 하지만 절대로 내 그림을 사주지는 않았어요. 나의 스케치를 천천히 들여다보고는 반드시 '안되겠군요, 웨이슨 씨. 역시 마음에 들지 않아요'라고 말합니다."

웨이슨 씨는 3년에 걸쳐 실패를 거듭한 끝에 방법을

바꿀 필요가 있다고 생각했다. 그는 사람을 다루는 방법에 대한 강좌에 참석하기로 했고, 새로운 방식을 배운 뒤 다시 도전했다. 새로운 방식을 실험하기 위해 그는 미완성의 그림 몇 장을 가지고 3년 동안 시도했다가 실패한 디자이너를 찾아갔다.

"여기 미완성의 스케치를 가져왔습니다. 어떻게 완성시키면 당신에게 쓸모가 있겠습니까? 별지장이 없다면 가르쳐주셨으면 합니다만."

이렇게 부탁하자, 디자이너는 그가 내민 스케치를 말없이 쳐다보고 있다가 말했다.

"웨이슨 씨, 생각해 볼 테니 2, 3일 후 와줘요."

3일 후 웨이슨 씨는 다시 디자이너를 찾아가 의견을 들은 다음 스케치를 완성했고, 디자이너는 그의 스케치를 샀다. 이후 그 디자이너가 많은 스케치를 웨이슨 씨에게 주문했음은 두말할 것도 없다. 그것들은 모두 자신의 아이디어에 의해 그려진 것이기 때문이다.

"몇 해 동안의 실패는 당연했습니다. 나는 나의 생각을 상대방에게 강권하고 있었던 셈이지요. 그러나 지금은 상대방으로 하여금 의견을 말하게 하고 있습니다. 나는 그 사람에게 내 스케치를 사달라고 하는 방식에서 벗어나 그 사람이 내 스케치를 사도록 만들었습니다."

롱아일랜드에서 중고차 위탁판매업을 하는, 내 강좌의 한 수강생도 이와 같은 방법으로 중고 자동차를 파는 데 성공했다.

언젠가 그는 중고차를 구매하러 온 스코틀랜드 사람에게 준비해 둔 차 여러 대를 보여주었다. 그 사람은 차를 보고 나서는 트집을 잡았다. 마음에 들지 않는다, 쿠션이 나쁘다, 기관이 신통치 않다, 값이 너무 비싸다는 등 이유도 많았다.

중고차 판매업자는 마침내 강좌에 나와서 다른 사람들의 의견을 구했다. 우리는 그 문제를 두고 토론을 했고, 의견을 모아 그럴싸한 결론을 얻었다.

"그 사람에게 자동차를 팔려고만 하지 말고, 그 사람이 스스로 사도록 해야 한다. 그러기 위해 파는 사람이 아니라 사는 사람이 직접 선택했다는 생각이 들도록 하는 게 중요하다."

사는 사람의 마음을 움직이기 위해서는, 사는 사람으로 하여금 자기 의견에 따라 이쪽이 움직이고 있다고 생각하게 해야 한다는 생각이었다. 이를 위해 우리는 치밀한 계획을 세웠다.

며칠 후 한 고객으로부터 중고차를 팔고 새 차를 사고 싶다는 요청이 들어왔다. 중고차 판매업자인 내 강좌의 수강생은 이 중고차가 스코틀랜드 사람의 마음에 들 것임에 틀림없다고 생각했다. 곧 그에게 전화를 해 도움을 청할 일이 있으니 한번 와주십사 하고 부탁했다. 스코틀랜드 사람이 왔을 때 그는 난처한 듯 이렇게 말했다.

"선생님께서는 차를 고르시는 데 빈틈이 없고, 가격을 매기는 데도 틀림이 없으실 것 같아 부탁을 드립니다. 한 고객이 차를 맡겼는데, 그 차를 한번 살펴보시고 적당한 값을 정해 주시겠습니까?"

그의 부탁에 스코틀랜드 사람은 기분이 좋아 보였다. 차의 내부를 꼼꼼히 살피는 그의 얼굴에는 미소가 떠올라 있었다. 자신의 능력을 인정받았다는 기쁨의 미소였다. 직접 시운전까지 해본 그는 자신만만하게 말했다.

"300달러가 적당한 수준일 것 같소. 기관도 좋고. 저 정도라면 누구라도 마음에 들어할 것이오."

"그럼 선생님이 이 차를 사시지요? 아직 마음에 드는 차를 못 고르셨잖아요?"

"300달러에 말이오?"

"물론 300달러에지요."

300달러, 이건 그 자신이 매긴 가격이다. 물론 흥정은 그 자리에서 이루어졌다.

어느 X선기재 제조업자는 이와 같은 심리를 응용해 브루클린 병원에 자기 회사 제품을 공급하는 데 성공했다. 브루클린 병원은 증축중이었는데, 미국에서 제일가는 시설을 갖춘 방사선과의 창설계획을 가지고 있었다. 이 계획에 따라 업자들은 저마다 자사 제품에 대한 안내서를 내놓고 활발한 로비를 하고 있어 병원의 X선담당인 Y박사는 그 선택에 적지않은 어려움을 겪고 있었다. 그런데 한 업자가 다음의 편지를 L박사에게 보내왔다.

저희 회사는 최근 X선기재의 최신형 모델을 완성했습니다. 마침 지금 첫번째 제품이 도착했습니다. 물론 이번 제품이 완전한 것이라고는 결코 생각지 않습니다. 저희는 한층 더 좋은 제품을 만들려고 노력하고 있답니다. 선생님의 평가를 받고 조언을 들을 수 있다면 더없는 영광으로 생각하겠습니다. 허락의 회답을 주시면 저희 차를 보내드리겠습니다.

L박사는 그때의 느낌에 대해 다음과 같이 이야기했다.
"정말 뜻밖의 편지였어요. 뜻밖인 동시에 기쁘기도 했지요. 나는 그때까지 X선기재 제조업자로부터 조언을 요구받은 일은 없었거든요. 그 주에는 매일 약속이 있었는데 하나를 취소하고 그곳에 갔지요. 그런데 그 기재는 보면 볼수록 마음에 들었습니다. 나는 구매를 강요당한 것이 아니라, 병원을 위해 그 기재가 적합하다는 생각에서 내 뜻에 따라 계약하기로 결정했습니다."

제 8 장
상대방의 관점에서 생각하라

 당신이 보기에 옳지 않은 사람이 있다고 하자. 그러나 그 사람이 자기 자신은 결코 그렇지 않다고 생각한다면 당신은 그를 비난해서는 안된다. 그러한 비난은 어떤 바보라도 할 수 있다. 이러한 때 현명한 사람은 비난하기보다는 이해하기 위해 노력한다.
 상대방이 자기 방식대로 생각하고 행동하는 데는 그럴만한 이유가 있을 것이다. 먼저 보이지 않는 그 이유를 찾아내야 한다. 이유를 찾게 되면 그의 행동과, 나아가 그의 인간성까지도 이해할 수 있을 것이다. 이를 위해서는 입장을 바꾸어 진정으로 생각해 보도록 한다.
 '만약 내가 상대방이라면 이 경우 어떻게 느끼고 어떻게 행동할 것인가?'
 평소 자문하는 태도에 익숙하다면, 타인의 일로 화를 내며 시간을 낭비하는 일은 거의 없을 것이다. 결국 진정으로 타인의 입장에서 생각해 봄으로써 문제된 행위의 원인에 관심을 가지면, 그 결과에 대한 이해가 쉬워진다. 게다가 사람을 다루는 방법에도 한층 숙달된다.

케네스 구드는 『황금같이 귀한 사람을 만드는 법』이란 그의 저서에서 다음과 같이 말하고 있다.

"가만히 숨결을 고르고, 당신 자신의 문제에 대한 강한 관심과 타인에 대한 가벼운 관심을 비교해 보시오. 물론 이 세상 모든 사람도 당신처럼 자기 자신의 문제에만 관심을 둔다는 점을 생각하시오. 그러면 당신은 링컨이나 루스벨트처럼 사람 다루는 데 뛰어난 비결, 곧 인간관계에서의 성공은 타인의 입장에서 그를 이해하려는 마음가짐에 달려 있음을 깨닫게 될 것입니다."

또한 제럴드 니렌버그 박사는 그의 저서 『사람을 사귀는 비결』에서 다음과 같이 말하고 있다.

"서로 이야기를 하면서 당신이 그의 생각이나 감정을 소중하게 여기고 있음을 보여줄 때 협력을 얻을 수 있다. 먼저 이야기의 목적과 방향을 생각하면서 그가 듣고 싶어할 말을 기준으로 자신의 말을 조절한다면 그 역시 당신의 생각을 받아들일 마음이 될 것이다."

니렌버그 박사 제언의 효용성을 나는 내 경험으로 인정하고 있다.

몇 해 전이었다. 집 근처에 공원이 있어서 나는 언제나 즐거운 마음으로 산책을 하곤 했다. 나는 옛 갈리아

지방의 드루이드 단원처럼 참나무에 대해 경건에 가까운 애정을 품고 있어서 그 묘목이 산불로 검게 타버린 것을 볼 때마다 마음이 아팠다. 화재는 공원을 찾은 소년들이 원시생활을 즐기기 위해 숲속에서 소시지와 달걀을 요리한 뒤, 뒤처리를 소홀히했기 때문에 일어났다. 때로는 큰 불로 번져 소방차가 동원되기도 했다.

'불을 피우는 자는 벌금 또는 실형에 처함'이라는 게시판이 공원 구석에 세워져 있지만, 소용없었다. 기마경관의 순찰에도 화재는 줄어들지 않았다. 언젠가는 산불이 번지기 시작해 경관에게 알렸는데, 자기 담당구역이 아니라고만 했다. 그후 나는 참나무숲을 내가 지키기로 하고, 말을 타고 공원을 산책할 때면 마치 보안관이라도 된 것처럼 행동했다.

처음에 나는 소년들의 입장에 대해서는 전혀 생각지 않고, 불을 피우면 벌금을 물어야 한다고 겁을 주었다. 그래도 듣지 않는 경우에는 체포해 유치장에 가게 하겠다고 위협했다. 그러면 아이들은 마음속으로는 화가 났을지라도 시키는 대로 했다. 그러나 내가 그곳을 떠나면 그들은 또다시 불을 피웠을 것이다. 큰불이 나 공원이 모두 타버렸으면 시원하겠다고 생각했을지도 모른다.

그때에 비하면 지금은 인간관계를 조금은 이해하게 되었으며, 부족한 대로 상대방의 입장에서 생각할 수도 있다. 지금 같으면 아마 다음과 같이 말했을 것이다.

"참 재미있어 보이는구나? 저녁으로 무얼 준비하고 있니? 나도 친구들과 숲속에서 요리하는 걸 좋아했지. 그렇다고는 해도 여기서 불피우는 것은 위험해요. 너희들이야 믿지만, 조심성 없는 애들도 있거든. 너희도 알고 있겠지, 여기서 불피우면 처벌받는다는 걸? 그 대신 불 가까이 있는 낙엽은 전부 멀리 치워야 해요. 돌아갈 때 흙을 뿌려 덮고. 그럼 재미있게 놀다 가요."

같은 말이라도 이런 식으로 타일렀으면 효과는 전혀 다르게 나타났을 것이다. 소년들의 체면도 섰을 것이고.

다른 사람에게 무슨 일을 부탁하거나 요구해야 할 때는 우선 눈을 감고 '어떻게 하면 하고 싶어질까' 하고 상대방의 입장에서 생각해 보도록 한다. 이 방법이 귀찮고 더디기는 하지만, 적을 만들지 않고 갈등을 줄이면서 좋은 결과를 얻을 수 있는 확실한 길이다. 상대방의 입장에서 세상 일을 판단할 줄 아는 방법을 터득한다면, 당신은 이미 성공의 문턱에 들어선 것이나 다름 없다.

제 9 장
상대방의 생각에 동정심을 갖고 공감하라

 논쟁을 막고, 우호적인 감정을 갖게 해 그 사람으로 하여금 당신의 말을 조용히 듣도록 하는 마법의 언어가 있다.

 "그렇게 생각하는 것은 당연합니다. 만약 내가 당신이었더라도 그렇게 생각했을 것입니다."

 아무리 성질이 고약하고 불 같은 인간이라도 이렇게 대응하면 대개는 수그러든다. 물론 거기에는 진정이 담겨 있어야 한다. 그러나 그 점은 걱정하지 않아도 좋다. 당신이 입장을 바꾸어 생각하는 태도에 익숙하다면 상대방을 충분히 이해할 수 있을 것이기 때문이다.

 화를 잘 내고 고집스러우며, 모든 일에 비이성적이어서 마음에 안 드는 사람일지라도 그가 그렇게 된 데는 그럴 수밖에 없는 이유가 있다. 입장을 바꾸어 생각해 보면 내가 그런 처지에 있었더라면 마찬가지였을 것이라고 상대방을 이해할 수 있게 될 것이다.

존 고프는 잔뜩 취해 비틀거리며 길을 걷는 주정꾼을 보면 이렇게 말했다고 한다.

"하나님의 은총을 받은 나를 대신해 또 다른 내가 저렇게 취해 비틀거리고 있구나."

이러한 마음가짐으로 타인을 대할 필요가 있다. 우리 주위의 많은 사람들은 따뜻한 마음에 주려 있다. 그러므로 따뜻한 마음으로 대하는 것이 다른 사람의 호감을 얻는 가장 쉬운 방법이다.

언젠가 나는 라디오방송에서 『작은 아씨들』의 작가 루이사 앨코트를 소개한 적이 있었다. 그녀는 매사추세츠 주 콩코드에서 살았으며, 그녀의 작품들은 대부분 이곳에서 쓰여졌다. 그런데 실수로 뉴 햄프셔 주 콩코드라고 잘못 말해 버렸다. 한 번도 아니고 두 번이나, 당장 비난의 편지가 쏟아져들어왔다. 매사추세츠 콩코드에서 자라 필라델피아에서 살고 있다는 한 여성은 특히 분개했다. 내가 실수로 앨코트 여사가 식인종이라 했다고 해도 그녀처럼 노여워할 수는 없을 것 같았다. 나는 그녀의 편지를 읽고 나서 안도의 숨을 쉬었다.

"하나님, 정말 감사합니다. 이런 여성과 결혼하지 않은 것이 얼마나 다행인지 모르겠습니다."

나는 다만 지리상의 착오를 범했을 뿐이나 당신은 예의상 큰 실수를 범하고 있다는 글을 써보내고 싶었다.

그러나 나는 바보가 될 수는 없었다. 그 대신 나는 그녀의 적의를 호의로 바꾸기로 했다. 나는 "만약 내가 그녀였더라도 그렇게 느꼈을 것이다." 하고는 그녀의 입장을 이해하려고 노력했다.

그후 필라델피아에 갔을 때 그녀에게 전화했다.

"지난번 편지 주셔서 참으로 고마웠습니다. 실례를 무릅쓰고 전화로 감사 말씀드립니다."

"실례지만 누구시죠?"

또렷하고 품위 있는 목소리였다.

"데일 카네기라는 사람입니다. 앨코트 여사에 관해 방송하면서, 매사추세츠와 뉴햄프셔를 뒤바꾼 터무니없는 실수를 한 사람입니다. 친절하게 편지까지 보내주셔서 뭐라고 감사 말씀을 드려야 할지 모르겠습니다."

"너무 심한 편지를 드려서 죄송합니다. 그땐 제가 흥분했습니다. 제가 사과드려야지요."

"무슨 말씀을요. 다음 방송에서 공개사과를 했습니다만, 부인께는 직접 사과드리고 싶었습니다."

"저는 매사추세츠 콩코드에서 태어났습니다. 저의 집안은 200년 동안 그 지방 명문으로, 평소 자랑스럽게 생각하고 있었지요. 고향이 묵살당한 것 같아 그만 그런 편지를 쓰고 말았습니다. 정말 부끄럽습니다."

"부끄러운 건 접니다. 제가 틀렸다고 매사추세츠의 명예가 손상되는 것은 아닐 테지만, 그래도 죄송했습니다.

정말 잘 알려주셨지요. 이후에도 지도편달 바랍니다."

"저의 무례한 편지에도 화를 내지 않으시니, 선생님은 참으로 훌륭한 분이세요. 저야말로 잘 부탁드립니다."

나는 한때의 노여움을 참았던 보람을 느끼면서, 다른 사람의 호감을 얻는 유쾌함을 가슴 벅차게 누렸다.

미국의 대통령들은 거의 날마다 곤혹스러운 대인관계에 직면하곤 한다. 태프트 대통령도 예외는 아니었다. 그는 경험에 의해 악감정을 중화시키는 데는 타인에 대한 이해가 절대적임을 알았다. 그는 자신의 저서 『봉사의 윤리』에서 흥미있는 실례를 들어 서술하고 있다. 다음에서 그 한 대목을 살펴보기로 하자.

워싱턴에 있는 한 부인이 그녀의 아들을 어떤 직위에 앉히려고 6주 동안이나 나를 찾았다. 정계에 다소 알려진 남편을 통해 그녀는 상하 양 의원을 끌어들이는 등 맹렬한 로비를 폈다. 그러나 그 직위는 전문적 기술이 있어야만 했기 때문에, 나는 그 부처책임자의 추천에 따라 다른 사람을 임명했다.

그후 그녀로부터 원한에 찬 편지가 왔다. 내가 그녀를 기쁘게 해줄 수도 있었는데 그렇게 하지 않았다고 하며, 은혜를 모르는 사람이라고 했다. 내가 관심을 가진 법안을 통과시키기 위해 그녀는 지역구 출신의원을 설득했는데 그 은혜를 원수로 갚았다는 것이다.

나는 그녀에게 친절하게 편지를 썼다. 그녀의 실망은 충분히 이해한다고 하고, 그 직위는 전문적 기술을 가진 사람이 필요했기 때문에 국장의 추천에 따를 수밖에 없었으니 양해해 달라고 했다. 그리고 그녀의 아들은 현재의 직위에서도 기대에 어긋나지 않을 것이므로 걱정하지 말라고 강조했다. 내 편지에 그녀는 기분이 풀어져, 전에 너무 실례되는 편지를 보내 미안하다고 사과해 왔다.

 내가 임명한 이의 발령이 늦어졌다. 그런데 이번에는 그녀의 남편으로부터 편지가 왔다. 자세히 보니 이전 편지와 글씨체가 같았다. 그 이후 아내는 신경쇠약에 위암증상까지 나타나 빈사상태에 있는데, 아들을 임명해 주면 병이 나을 것 같다는 내용이었다.

 나는 다시 한번 편지를 쓰지 않으면 안되었다. 이번에는 그녀의 남편 앞으로 보냈다. 부인의 건강이 속히 완쾌되기를 빈다고 하고, 임명자에게 사령장이 이미 나온 뒤로 인사문제는 변경할 수 없다고 했다.

 그 이틀 후 나는 백악관에서 음악회를 개최했다. 그런데 맨처음 우리 부부에게 인사를 한 사람들은 바로 이들 부부였다. 그 부인은 2, 3일 전만 해도 사활을 다투는 병석에 있었을 터인데……

아더 게이츠 박사의 유명한 저서 『교육 심리학』에는

다음과 같은 구절이 있다.

"인간은 다른 사람으로부터의 관심, 곧 동정심을 원한다. 아이들은 자기 상처를 보여 동정을 받고 싶어하며, 때로는 동정을 구하고 싶어 자기 스스로 상처를 만들기도 한다. 어른도 마찬가지다. 상처를 내보이고 재난이나 병에 대한 이야기를 한다. 불행한 자신에게 연민의 정을 느끼고 싶어하는 마음은 정도의 차이는 있지만 누구에게나 있다."

제 10 장
상대방의 내면에 호소하라

 나는 미주리 주에서 자랐는데, 근처에 제시 제임스의 농장이 있었고, 그 농장에는 당시 그의 아들이 살고 있었다. 나는 그 아들의 부인으로부터 제시가 열차나 은행을 습격했을 때라든가 훔친 돈을 이웃 가난한 농부들에게 나누어준 이야기 등을 들었다. 제시도 쌍권총 크로울리나 알 카포네 등과 같이 스스로 이상주의자라고 믿었던 모양이다. 여기에서 짐작할 수 있듯 모든 인간은 자기 자신을 남을 위해 희생하는 훌륭한 인물이라고 믿으려 하는 경향이 크다.

 J.P. 모간은 그의 수필집에서 인간 심리를 분석, 이렇게 말하고 있다.

 "인간의 행동에는 두 가지 이유가 있다. 그 하나는 그럴 듯하게 꾸며진 이유, 다른 하나는 진짜 이유이다."

 진짜 이유는 본인만이 아는 것으로 다른 사람의 평가

와는 상관없다. 그러나 인간은 누구나 이상주의적이어서, 자기 행동에 대해 그럴 듯한 이유를 꾸며댄다. 그러므로 타인의 생각을 바꾸려 하면 자기 행동을 그럴 듯하게 꾸미려는 고상한 동기에 호소하는 것이 좋다.

이 고상한 동기를 사업에 응용하는 것은 너무 이상주의일까? 펜실베이니아 주에서 아파트 임대업을 하고 있는 해밀튼 J. 파렐 씨의 경험을 살펴보자. 그의 아파트에는 계약기한이 4개월이나 남아 있는데 이사가겠다는 사람이 있었다. 월세 55달러였다. 다음은 파렐 씨가 나의 강좌에 나와 한 얘기이다.

그는 나의 아파트에서 한겨울을 지냈다. 겨울은 1년 중 경비가 가장 많이 드는 때며, 가을까지는 새 입주자를 구하기도 어렵다. 나는 생각지도 않던 220달러의 손해를 보게 되었다. 다른 때 같으면 계약서를 들이대고 이사가려면, 계약기간의 방세를 지불하라고 다그쳤을 것이다. 그러나 조용히 해결할 방법을 찾기로 했다.

"사정은 잘 알았습니다. 그런데 아무래도 당신은 이사를 갈 것 같지 않군요. 여러 해 동안 집세를 받아 사는 내게는 사람 보는 눈이 발달되어 있답니다. 내가 보기에 당신은 약속을 어길 사람이 아닙니다. 이것만은 내기를 해도 좋습니다. 부탁이 있는데, 이 문제는 2, 3일 후 다시 상의하지 않겠습니까? 그때도 당신의 생각이 그대로라면 이사를 가도 좋습니다. 그때는 내가 사람을 잘못 보았다고 생각하고 단념하겠습니다. 하지만 당신은 약속을 어길 사람은 아니라고 믿습니다. 그러나 물론 오판일 수도 있겠지요."

며칠 후 그는 임대료를 가져왔다. 아내와 상의한 결과, 계약을 따르는 것은 매우 중요한 일임을 깨닫게 되었기 때문에 생각을 바꾸기로 했다고 했다.

영국 사람 노스클리프 경은 공개하고 싶지 않은 자기 사진이 실린 신문의 편집장 앞으로 글을 썼다. 그러나 "그 사진을 신문에 싣지 마시오"라고는 쓰지 않았다. 그는 누구나 품고 있는 어머니에 대한 애정에 호소해, "그 사진은 신문에 싣지 말았으면 합니다. 어머님이 매우 싫어하시는 사진이기 때문입니다."라고 적었다고 한다.

록펠러 2세도 아이들의 사진이 신문에 나오는 것을 막기 위해, "아이들의 사진을 신문에 싣는 것은 찬성할 수 없다."고 하지는 않았다. 어린 자식들을 사랑하는 부모의 공통된 심정에 호소해, "아이 가진 분들은 잘 이해하리라고 생각합니다만, 너무 세상에서 떠들어대는 것은 아이의 장래를 위해 불행한 결과를 초래하지 않을까 걱정입니다."라고 완곡하지만 단호하게 자기 뜻을 전했다.

출판재벌 사일러스 커티스는 『새터데이 이브닝 포스트』지와 『레이디스 홈 저널』지의 경영주로서, 메인 주

빈민가 출신의 입지전적인 인물이다. 그러나 초창기에는 다른 잡지사와 같은 수준의 고료를 지불할 수 없었으며, 특히 일류 작가의 고액고료는 엄두도 내지 못했다. 때문에 상대방에게 고상한 동기를 부여하는 방법을 택했다. 당시 명성 높던 『작은 아씨들』의 작가 앨코트 여사에게 이 방법을 이용한 청탁으로 집필승낙을 받아내는 데 성공했다. 고료를 지불하는 대신 100달러짜리 수표를 그녀가 지원하는 자선단체에 보내기로 했던 것이다.

다음에는 이 방법을 이용해 회사가 당면한 문제를 해결한 제임스 토머스의 경험담을 살펴보기로 한다.

내 강좌의 수강생인 토머스 씨가 다니고 있는 자동차 회사는 어려운 문제에 부딪쳤다. 고객 여섯 명이 그 금액의 일부가 부당하다면서 자동차 수리대금을 지불하지 않으려 했기 때문이다. 회사측은 수리할 때마다 사인을 받았기 때문에 틀림없다고 확신하며 고객을 설득했다.

그러나 그 설득방법에 문제가 있었다. 곧 수금원은 미납대금을 받기 위해 방문해서는, 이번 달에는 꼭 지불해야 한다고 주장하고, 청구서는 틀릴 수 없으므로 잘못된 것은 고객이라고 했다. 그 결과 치열한 시비로 번졌다.

이러한 징수방법은 결코 성공할 수 없다. 수금원은 마침내 법적인 수단에 호소하려고 했는데, 때마침 지배인이 이 사실을 알게 되었다. 지배인이 조사한 결과, 문제의 고객은 평소 대금지불이 우수했다. 문제는 고객 쪽이 아니라, 수금징수 방법에 있을 수 있다는 생각을 한 지배인은 토머스 씨를 불러 이 문제를 해결하도록 했다.

토머스 씨가 취한 방법은 다음과 같다.

미납대금에 대해서는 한마디도 하지 않고, 다만 지금까지의 서비스 실태를 조사하기 위해 왔다고 했다. 그 문제를 회사가 어떻게 처리해 왔는가, 회사 쪽에서 무엇을 잘못했는가를 알고 싶을 뿐이라고 했다. 고객의 말을 들어보기 전에는 아무 말도 할 수 없으며, 회사의 주장이 반드시 옳은 것이라고 생각지는 않는다고 했다.

그리고 차에 대한 것을 알고 싶은데, 차에 대해서는 차주가 누구보다도 잘 알고 또 최고의 권위자라고 했다. 이렇게 상대방에게 말하게 하고, 깊은 관심으로 그 말에 귀기울였다. 그런 다음 상대방의 흥분이 가라앉을 무렵, 그의 공정한 판단에 호소했다.

"폐를 끼쳐 죄송합니다. 수금원의 태도에 기분이 상하셨을 것입니다. 정말 죄송합니다. 회사의 대표로서 사과드립니다. 이렇게 만나뵙고서 귀하의 공정하고 관대한 인격에 감탄했습니다. 한 가지 청이 있습니다만, 이 일은 당신이 아니면 할 수 없습니다. 그리고 당신이 잘 알고 있는 일입니다. 이 청구서, 이것을 당신께서 정정해 주신다면 저도 안심할 수 있겠습니다. 당신이 우리 회사 사장이라는 생각으로 정정해 주십시오. 모두 당신께 일임하고 정정해 주신 대로 처리하겠습니다."

문제해결을 위한 이 방법은 적중했다. 고객 여섯 명 중 한 사람만 끝까지 회사측이 잘못되었다고 대금의 일부를 지불하지 않았을 뿐, 다른 다섯 명의 고객은 모두 전액을 지불했다. 특히 재미있는 것은 그후 2년 동안 이 여섯 명 고객 모두로부터 새 차를 주문 받은 사실이다.

"고객에 대한 정보가 불분명할 때는 일단 그를 정직하고 훌륭한 신사로 간주하고 거래를 진행하면 성공한다는 사실을 경험으로 알게 되었습니다. 인간은 누구나 정직하게 살고자 합니다. 기만과 사기를 일삼는 인간도 상대방으로부터 진심으로 신뢰받고, 정직하고 공정한 인간으로 대접받으면 부정한 일을 할 수 없습니다."

제 11 장
당신의 견해를 극적으로 표현하라

 몇 해 전, 필라델피아의 『이브닝 불루틴』지는 중대한 문제에 맞닥뜨렸다. 기사가 적고 대부분 광고로 메워지고 있기 때문에 독자들은 흥미를 잃고 있으며, 그래서 광고효과도 적다는 악성 루머가 널리 퍼졌다.

 『이브닝 불루틴』지측에서는 서둘러 이에 대한 대책을 세웠다. 곧 『이브닝 불루틴』지 하루치 지면 기사를 따로 분류해 한 권의 책으로 꾸며 출판했다. 『하루』라는 제목을 붙인 이 책은 307페이지 분량이었으나, 2센트라는 아주 낮은 값을 매겼다. 이 책은 『이브닝 불루틴』지에 재미있는 읽을거리가 많다는 사실을 효과적으로 알려주었다. 참으로 기발한 연출 솜씨라고 하지 않을 수 없다. 복잡한 숫자 나열이나 해명기사로는 좀처럼 해결하기 어려운 일을 단번에 해결한 셈이다.

 현대는 극적인 효과가 필요한 연출의 시대이다. 단순

히 사실을 말하는 것만으로는 충분하지 않다. 좀더 생생하고 극적인 수법을 사용할 필요가 있다. 영화나 라디오, 텔레비전 등에서도 이러한 방식을 취하고 있다. 이 방식은 인간관계에서도 유효하고 적절하다.

쇼윈도 진열의 전문가는 극적인 효과의 힘, 곧 연출의 효과를 충분히 알고 있다. 그러한 예를 들면 새로운 쥐약 제조회사가 소매점 쇼윈도에 살아 있는 두 마리의 쥐를 사용한 진열효과로 판매고가 5배나 증가했다는 사례를 들 수 있다.

텔레비전 광고에서 상품판매를 위해 극적 기법을 사용한 예는 쉽게 찾아볼 수 있다. 하루 저녁만 텔레비전 앞에 앉아 광고의 연출효과를 분석해 보라. 그러면 시청자들에게 상품의 장점을 효과적 방법으로 극화시켜 보여줌으로써 상품을 사게 만드는 것을 쉽게 알 수 있다.

인생이나 사업에서도 필요한 생각을 극화시켜 효과를 거둘 수 있다. 가정생활에서도 마찬가지이다.

어떤 사람이 자기 애인에게 구혼할 때 그저 사랑한다, 결혼해 달라고만 할까? 옛날에는 무릎을 꿇고 청혼함으로써 자신의 사랑을 진지하게 전했다. 현대에는 무릎을 꿇지는 않지만, 청혼하기 전에 분위기를 극화시켜 효과를 얻는 사람들은 아직 많다.

제임스 B. 보인튼 씨는 『아메리칸 위클리』지에 방대한 시장 조사보고서를 제출해야 했다. 회사에서 다른 회사의 유명한 콜드크림에 대한 철저한 연구를 끝냈고, 가격 결정을 위해 소비시장의 경쟁에 관한 자료가 급하게 필요했던 것이다. 보인튼 씨가 만나야 할 사람은 광고계에서 거물이었던 인사로, 까다롭기로 소문나 있었다.

보인트 씨로부터 그때의 이야기를 들어본다.

처음에 그는 나의 조사방법에 대해 자꾸 물음을 던져 헛된 논쟁이 벌어졌다. 논쟁 끝에 나는 그를 승복시키고 울분을 풀었다. 그러나 유감스럽게도 목적한 일에는 전혀 도움을 얻지 못했다.

두번째 갔을 때 나는 숫자나 자료 따위로 논쟁을 벌이지 않기 위해 나름대로 준비를 했다. 숫자나 자료에 구애됨 없이 조사한 사실을 극적으로 연출하는 방법을 취했다. 내가 그의 사무실로 들어갔을 때, 그는 전화를 받고 있었다. 그가 전화를 받는 동안 나는 가방 속에서 32개의 콜드크림 용기를 꺼내 그의 책상 위에 나란히 늘어놓았다. 그가 알고 있는 모든 제품, 말하자면 경쟁회사의 제품 전부였다. 각 용기에는 내가 조사한 결과를 적어놓은 쪽지가 붙어 있는데, 그 내용은 그 크림의 판매상태에 대한 것이었다.

그 효과에는 나도 놀랐다. 지난번과 같은 논쟁이 일어날 여지는 전혀 없었다. 그는 책상 위에 놓인 콜드크림 용기들을 하나하나 집어들고는 그것에 붙어 있는 쪽지를 읽어나갔다. 그와 나 사이에는 극히 가벼운 질문이 오갔다. 그는 이 새로운 방식에 상당한 흥미를 느낀 듯했다.

10분의 회담 약속 시간이 훌쩍 지나 20분이 넘고, 40분을 지나 1시간이 되어도 끝날 줄을 몰랐다. 나는 전과 같은 사실을 말했으나, 연출의 효과 때문인지 결과는 지난 번과는 전혀 달랐다.

때로는 상대방을 설득하기 위해 극적인 연출이 필요할 수도 있음을 이해한다면 성공은 훨씬 가까이 와 있다고 자신있게 말할 수 있을 것이다.

제 12 장
경쟁심을 자극하라

 찰스 슈와프가 운영하고 있는 공장 중에 주물공장이 있었다. 그 주물공장은 시설도 뛰어나고 유능한 공장장을 채용했는데도 실적이 오르지 않았다. 고민중이던 슈와프는 공장장을 불렀다.

 "다른 사람들보다 당신은 유능하다는 관리자 아닙니까? 그런데 실적이 오르지 않으니 웬일이지요?"

 "공장 사람들이 일에 대한 열의가 없습니다. 설득도 해보고 위협도 해봤지만 아무런 효과가 없어요. 열심히 하는 척하다 돌아서면 그만입니다."

 그뒤 저녁 무렵, 슈와프는 다시 주물공장을 찾았다. 마침 그때는 주간반과 야간반이 교대할 시간이었다. 슈와프는 분필을 손에 쥐고, 일을 끝내고 나가려고 하는 주간반 사람을 불러세웠다.

 "자네 근무반에서는 오늘 몇 번이나 주물 용해작업을

했나?"

"여섯 번입니다."

슈와프는 아무 말도 하지 않고 벽에 걸린 칠판에 커다랗게 '6'이라는 글자를 써놓고 나가버렸다. 일을 교대하러 들어온 야간반 사람들이 이 숫자를 보고 물었다.

"사장님이 공장에 왔다갔어. 오늘 주물 용해작업을 몇 번이나 했느냐고 물어서 여섯 번이라고 했더니 이렇게 '6'자를 써놓고 갔어. 왜 그랬는지 모르지."

슈와프는 다음 날 아침에 다시 주물공장으로 갔다. 그가 '6'이란 숫자를 써놓았던 칠판에는 야간반이 지운 듯 '7'이란 숫자가 커다랗게 쓰여 있었다.

주간반이 출근해서 보니 칠판 위에 '7'이라고 크게 쓰여 있었다. 야간반이 더 성적을 올린 셈이다. 주간반은 열심히 일해 퇴근할 때 '7'을 지우고 자랑스럽게 '10'이라고 써놓고 갔다.

이렇게 하여 이 공장의 작업성적은 자꾸 올라갔다. 얼마 안 가 작업성적이 좋던 다른 공장을 누르고 생산율에서 1위를 차지하기에 이르렀다.

슈와프는 자신이 성공한 방법에 대해 다음과 같이 말했다.

"자기 일에 적극적으로 참여하도록 하는 비결은 경쟁심을 자극하는 것이 가장 좋은 방법입니다. 물론 악착같이 돈벌이를 하려는 탐욕과 이해타산을 부추기는 방법이 아니라, 다른 사람들보다 뛰어나고 싶어하는 인간 본성에 바탕하는 경쟁심을 이용한 방법이어야 합니다."

다른 사람보다 우위를 점하고 싶다는 선의의 경쟁의식, 불굴의 투지, 굳센 용기에 호소하는 것도 하나의 방법이다. 불굴의 투지가 자극되지 않았더라면 디어도어 루스벨트도 대통령이 되지 못했을지 모른다.

미국이 스페인과 벌였던 미·서전쟁이 끝나자 쿠바에서 귀국한 루스벨트는 뉴욕 주지사로 지명되었다. 그런데 반대파는 루스벨트가 아직 법적으로 뉴욕주 시민 자격을 취득하지 못했으므로 주지사에 출마할 수 없다고 항의했다. 이 반대파의 주장에 그는 후보사퇴를 결심했다. 이때 당시 뉴욕 출신 상원의원이던 토마스 콜리어 플래트가 호통을 쳤다.

"자네가 그래도 산 주앙 힐 전선에서 싸운 용사인가? 이 비겁한 친구, 우리가 사람을 잘못 봤구만!"

그제야 루스벨트는 사의를 번복하고 싸울 결심을 했다. 그 다음 얘기는 역사가 나타내고 있는 그대로이다.

루스벨트의 불굴의 투혼을 자극한 이 한마디는 그의 생애를 바꾸어놓았을 뿐 아니라, 미합중국의 역사에도 중요한 영향을 끼쳤다.

불굴의 투지를 자극받아 도전함으로써 성공한 루스벨트만이 아니라, 찰스 슈와프도 이 도전의 놀라운 힘을 알고 있었고, 다음의 알 스미스 역시 그러했다.

알 스미스가 뉴욕 주지사로 있을 때였다. 데블 섬 서쪽에 악명 높은 싱싱 교도소가 있었다. 그런데 당시 싱싱 교도소 소장이 결원이었기 때문에 주지사 스미스는 걱정하고 있었다. 교도소에는 악성 소문이 들끓었으며, 분위기가 험악해 이를 관리해야 할 소장직을 위해서는 강력한 인물이 필요했다.

싱싱 교도소 소장의 인선에 갈등하던 스미스는 뉴 햄프턴의 루이스 로즈를 생각해 내었다. 그는 곧 로즈를 불러 말했다.

"어때요, 당신이 싱싱 일을 맡아주었으면 하는데. 거긴 경험이 많은 인물이 아니면 곤란하단 말이오."

로즈는 난처했다. 싱싱 소장이 된다는 것은 어느 모로 보나 달갑지 않았기 때문이다. 교도소의 분위기도 좋지 않았지만, 싱싱 교도소 소장은 정치 판도에 따라 어떻게 될지 모르는 직위로, 자주 교체되었다. 임기가 불과 3개월이라는 말도 있었다. 자칫 잘못하다간 자기 앞날이 위험하다고 생각되어 로즈는 별로 내키지 않았다.

로즈의 주저하는 모습에 스미스는 몸을 젖히고 웃으면서 말했다.

"당신이 겁을 낸다고 해도 전혀 이상한 일은 아니지요. 워낙 힘든 곳이기 때문에 내키지 않는 게 오히려 당연한 건지도 모르고요. 솔직히 말해 거긴 여간한 사람이 아니고선 근무하지 못하오."

스미스 주지사의 말은 상대방에게 도전의 마음을 끌어내는 촉발제가 되었다. 로즈는 여간한 인물 아니고서는 감당할 수 없는 일을 자기가 하고 싶은 마음이 일었다. 그는 마침내 스미스 지사의 제안을 받아들였다.

로즈는 부임한 즉시 교도소의 질서를 바로 잡고 기강을 세우는 등 열심히 일했으며, 그 결과 그는 탁월한 교도소 소장이 되었다. 싱싱 교도소를 내용으로 하는 그의 저서는 수십 만 부가 팔렸으며, 이를 소재로 해 몇 편의 영화가 제작되기도 했다. 그가 죄수들을 인간적으로 대한 것이 그들의 교화에 기적을 낳았으며, 그의 '수감자 대우 개선론'은 교도소에 눈부신 개혁을 초래했다.

파이어스턴 타이어 및 고무제조회사의 설립자 하비 파이어스턴은 다음과 같이 말한다.

"급료만 주면 사람이 모이고 인재가 확보된다고 생각하면 착오이다. 나는 일찍이 보수가 많고 적음에 따라 협력을 얻고 못 얻은 적이 없다. 유능한 사람을 돈으로 묶는 것은 어리석은 일이다. 자기 만족에 더 중요성을 두어야 하며, 게임 정신을 도입하는 것이 필요하다."

성공한 사람들은 모두 게임을 좋아한다. 일로써 자기 표현의 기회가 주어졌기 때문이다. 자기를 표현하고, 자기 가치를 증명하고, 남보다 뛰어나 경쟁에서 이길 수 있는 기회, 이것이 게임을 성립시킨다.

가장 위대한 행동과학자 헤르츠버그의 의견도 이와 같

다. 그는 공장 직공으로부터 최고 경영자에 이르기까지 여러 사람의 근무태도에 대해 깊이 연구했다. 그가 발견한 동기유발의 가장 큰 요인은 '일 그 자체'였다.

일이 신나고 재미있다면 그 일에 대해 기대를 하게 되고, 더 잘 해보려는 동기도 생긴다. 성공한 사람들이 좋아하는 것은 그들의 일 자체이다.

제 4 부
사람을 변화시키는 기술

제 1 장
칭찬과 감사의 표현으로 시작하라

 언젠가 내 친구는 캘빈 쿨리지 대통령의 초대로 백악관에서 주말을 보낸 적이 있었다. 그가 대통령의 집무실에 들어갔을 때 대통령은 비서에게 다음과 같이 말하고 있었다.
 "옷이 잘 어울리는데! 당신은 정말 미인이야."
 말수가 적은 쿨리지 대통령이 이런 찬사를 하는 것은 드문 일이었다. 갑작스러운 칭찬에 여비서는 볼을 빨갛게 물들이며 수줍어했다.
 "지금 내 말은 긴장하지 말라는 얘기고, 다음부터는 구두점에 좀더 주의해야겠어요."
 쿨리지 대통령은 친근한 태도로 여비서의 잘못을 지적했다. 방법상 조금 노골적이기는 하지만, 인간 심리를 잘 이해하고 있다는 점에서 쿨리지 대통령의 대인관계는 칭찬할 만하다. 일반적으로 칭찬을 받은 후에는 잔소리조

제4부 사람을 변화시키는 기술 183

차 가볍게 생각되기 때문이다.

다음에는 에이브러햄 링컨의 편지 중에서 두번째로 유명한 것을 소개한다(가장 유명한 것은 빅스비 부인에게 보낸 것으로, 전쟁터에서 목숨을 잃은 그녀의 다섯 아들을 애도하는 편지이다).

이 편지는 남북전쟁에서 북군이 가장 열악한 상태에 빠져 있을 때인 1863년 4월 26일 조셉 후커 장군에게 보낸 것이다. 작전 실패로 북군은 18개월 동안 계속 패배만 하고 있었다.

사상자 수는 늘어가고, 온 국민은 절망에 빠져 있었다. 탈주병은 수천 명에 달해 공화당 상원의원조차도 링컨을 퇴진시킬 움직임을 보이고 있었다.

"이제 우리 운명은 파멸의 위기에 직면해 있습니다. 하나님조차 우리를 버리신 것같이 생각됩니다. 한 가닥 희망의 빛조차도 찾아볼 수 없습니다."

이렇듯 이 편지는 링컨이 절망의 밑바닥에 있던 시기에 쓰여졌다. 이 편지는 국가의 운명이 한 장군의 어깨에 걸려 있는 위급한 시기에, 링컨이 어떻게 한 완고한 장군의 생각을 바꿀 수 있었던가를 보여주고 있다.

이 편지는 링컨이 대통령이 되고 난 후에 쓴 것 가운데 가장 통렬한 내용을 담고 있다. 그러나 링컨은 후커 장군의 중대한 과실을 책망하기 전에 그를 칭찬하고 있다. 그리고 그 치명적인 실수에 대해도 온건하고 외교적이었던 링컨은 "내가 당신에게 만족하지 못하고 있는 몇 가지 일들이 있습니다."라고 신중하고 부드럽게, 그리고 우회적으로 표현하고 있다.

다음은 후커 장군에게 보낸 링컨 대통령의 편지이다.

나는 장군을 포토맥 전선의 지휘관으로 임명했습니다. 물론 확신을 가지고 그런 결정을 내렸습니다만, 장군에게 만족할 수 없는 점이 몇 가지 있다는 사실을 헤아려주었으면 합니다.

나는 장군이 용감하고 지략이 뛰어난 군인이라고 믿고 있습니다. 물론 나는 그러한 군인이 좋습니다. 장군은 또 정치와 장군의 의무를 혼동하지 않는 인물이라고 확신합니다. 이는 매우 올바른 태도입니다.

장군은 자신을 가지고 있습니다. 귀중하고도 반드시 필요한 태도라고 생각합니다. 장군에게는 야망이 있습니다. 도를 넘지 않는다면 해롭다기보다 유익합니다. 그러나 장군이 번사이드 장군 지휘 아래 있었을 때 공로에 집착한 나머지, 명령에 불복종함으로써 국가와 공훈을 쌓은 상관의 명예에 중대한 과실을 범했던 적이 있습니다.

장군은 정치 및 군사에 독재의 필요성을 역설하곤 했는데, 그것을 알면서도 장군을 임명한 것은 결코 그 의견에 동의했기 때문은 아닙니다. 독재정권의 필요성을 인정하기 위해서는 그것에 의한 성공이 보장되지 않으면 안됩니다. 내가 장군에게 바라는 것은 군인으로서의 성공이며, 나는 집권자로서 전쟁의 승리를 위해 독재정치의 위험도 무릅쓸 것입니다.

정부는 전력을 기울여 장군을 지원하겠습니다. 그러나 장군의 언행에 영향을 받아 군대내에 상관을 비난하는 풍조가 생겨, 그 영향이 장군에게 되돌아가는 것이 아닌가 염려스럽습니다. 될 수 있는 대로 장군에게 협조해 그러한 사태 발생을 방지하고 싶습니다.

그러한 풍조가 나타나면 장군, 아니 나폴레옹이라 할지라도 우수한 군대를 만드는 것은 불가능할 것입니다. 경솔한 언행을 경계하고 전심전력하여 우리에게 최후의 승리를 가져다주시기 바랍니다.

우리는 쿨리지 대통령도, 링컨 대통령도 아니다. 우리에게는 이러한 방식이 과연 일상적인 사업이나 거래에 응용될 수 있을까 하는 점이 중요하다. 이를 알아보기 위해 이번에는 필라델피아 워크 건설회사의 가우 씨 사례를 살펴보자. 가우 씨는 필라델피아에서 열렸던 나의 강좌의 수강생이었다.

워크 건설회사에서는 대규모의 사무실 건물을 지정된 기일까지 완성하려고 공사를 서두르고 있었다. 모든 공정이 잘 진행되고 있었는데, 준공 직전에 건물 외부 장식에 사용하는 청동제품을 공급하는 하청업자로부터 기일을 지킬 수 없다는 통지가 왔다.

한 업자 때문에 공사 전체가 중지되어 큰 손해를 볼 수밖에 없는 상황이었다. 장거리 전화를 걸어 해결책을 강구했으나, 신통한 대안은 나오지 않았다. 그래서 가우 씨는 해결사로서 뉴욕으로 향하게 되었다.

청동세공회사의 사장실을 찾은 가우 씨는 자기 소개를 끝내고는 불쑥 말했다.

"사장님, 브루클린에서 당신과 같은 성을 가진 분은 한 사람도 없다는 걸 아셨어요?"

"그렇습니까? 저도 몰랐습니다."

사장의 놀란 표정에 가우 씨는 설명을 했다.

"오늘 아침 이곳에 도착하자마자 당신 주소를 알아보기 위해 전화번호부를 뒤졌지요. 그런데 당신과 같은 성씨를 가진 분은 한 사람도 없었습니다."

"전혀 모르고 있었습니다."

관심을 보이며, 사장은 열심히 전화번호부를 찾았다.

"그렇군요. 희귀한 성이라서, 나의 조상은 200년 전에 네덜란드에서 뉴욕으로 이민왔거든요."

사장은 자랑스럽게 자기의 조상 얘기를 했다. 그 얘기가 끝나자, 가우 씨는 들어오면서 살핀 공장의 규모를 칭찬하기 시작했다.

"정말 훌륭한 공장이더군요. 청동세공공장으로서는 제

일 가는 규모이지요, 아마?"

"나는 이 사업에 일생을 걸어왔답니다. 어떻습니까. 공장을 한번 보시지 않겠습니까?"

사장과 함께 공장을 돌아보면서 가우 씨는 그 시설을 거듭 칭찬했다. 다른 곳에서는 볼 수 없는 진귀한 기계를 보고 감탄하자, 사장은 그 기계는 자기가 발명한 것이라고 하며 신이 나서 몸소 기계를 조작해 보였다. 나중에는 점심식사를 함께 하자고 정중히 청했다.

그때까지 가우 씨는 찾아온 용건에 대해 한마디도 하지 않았다. 점심이 끝나자 사장은 다음과 같이 말했다.

"그럼 지금부터 이야기를 해봅시다. 물론 당신이 오신 목적을 잘 알고 있습니다. 당신과 함께 이처럼 즐거운 이야기를 나누리라고는 예상치 못했습니다. 다른 주문을 늦추더라도 약속대로 해드리겠으니 안심하십시오."

이렇게 가우 씨 쪽에서 한마디도 하지 않았는데 목적은 달성되었다. 주문한 물건은 약속대로 도착했고, 건물은 예정된 시일에 완성되었다.

제 2 장
비판과 충고는 간접적으로 하라

　어느 날 점심시간이었다. 찰스 슈와프는 공장 안을 돌아보다가 담배를 피우고 있는 직원들과 마주쳤다. 그들의 머리 위에는 '금연'이라고 씌어 있었다. 그가 금연푯말을 가리키며, "당신들은 글을 읽을 줄도 모르는가?"라고 했을까? 그는 결코 그렇게 말하지 않았다. 직원들 곁으로 가 그들에게 담배를 권하면서 말했다.
　"여러분, 밖으로 나가서 피우시오."
　슈와프는 그들이 '금연'의 규칙을 어긴 것에 대해서는 언급하지 않고 오히려 담배를 주면서 그들의 체면을 세워주었으니 그를 따르게 되는 것은 당연한 일이다.
　존 워너메이커도 이와 같은 방법을 사용하고 있다.
　워너메이커는 하루에 한 번씩 필라델피아에 있는 그의 가게를 돌아보고는 했다. 그런데 어느 날에는 고객 한 사람이 카운터 앞에 서서 기다리고 있는 모습을 발견했다. 판매원 중 어느 누구도 그 부인에게는 관심이 없었다. 그들은 구석에 몰려 잡담만 하고 있었다. 그는 아무 말도 하지 않고 매장 안으로 들어가 손님에게 주문을 받았다. 그리고는 마침 지나가는 판매원에게 물건의 포장을 부탁하고 그대로 나왔다.

비난을 하기 위해 칭찬하는 많은 사람들은 처음에는 솔직한 칭찬을 하다가 '그러나'라는 말과 함께 비난하는 말로 끝을 맺는다. 예를 들어 산만한 아이의 학습태도를 고치려 할 때 우리는 대부분의 경우 이렇게 말한다.

"이번에 성적이 올라 정말 네가 자랑스럽구나. 그러나 산수를 조금만 더 하면 성적이 아주 좋아지겠구나."

이런 경우 아이는 '그러나'라는 말을 듣기 전까지는 자신감을 느낄지 모른다. 그러나 '그러나'라는 말에 잡힌 뒤에는 칭찬의 순수함에 의문을 갖게 될 것이다. 아이는 칭찬의 말이 자신의 나쁜 성적을 지적하기 위해 그저 하는 말이라고 생각하게 될 것이다. 그렇게 되면 신뢰감이 없어지고 처음의 목적은 이룰 수 없게 된다.

이러한 때 '그러나'를 '그리고'로 바꾸어보면 이 문제는 쉽게 해결된다. 그렇게 앞으로 바라는 행동을 간접적으로 암시함으로써 아이는 그 기대에 어긋나지 않도록 노력하게 될 것이다.

1887년 3월 8일, 뛰어난 설교가 헨리 워드 비처 목사가 사망했다 그 다음 일요일에는 비처 목사의 후임인 라이먼 애버트가 초청되어 설교를 하게 되어 있었다. 그는 열심히 설교의 초고를 쓰고 세심한 주의를 기울여 거듭 고쳤다. 원고가 완성되자 그는 먼저 아내에게 읽어주었다. 그러나 그것은 설교문으로는 너무 딱딱해 많이 고쳐야만 했다. 그의 아내가 생각이 깊지 않은 여성이었다면 다음과 같이 말했을 것이다.

"재미가 없어요. 이래가지고는 다들 졸겠어요. 백과사전을 읽어도 이보다는 재미있겠네요. 그동안 그렇게 해봤는데 이제 그만한 건 알 것 아녜요. 좀더 친근하게, 자연스럽게 말할 수 없을까요?"

이렇게 말했을 때의 결과를 잘 알고 있었던 그의 아내는 다음과 같이 말했다.

"『노스 아메리칸 리뷰』에 실리면 아주 훌륭한 글이 되겠어요."

그의 아내는 칭찬과 아울러 연설에는 적합하지 않다는 것을 간접적으로 내비쳤다. 애버트는 정성들여 완성한 초고를 없애고 메모조차 사용하지 않은 채 훌륭한 설교를 했다. 누군가의 잘못을 고치려면 반드시 간접적으로 일깨워주어야 한다.

제 3 장
자신의 실수를 먼저 말하라

 몇 해 전 조카딸 조세핀이 내 비서로 일하기 위해 고향 캔자스 시를 떠나 뉴욕으로 왔다. 3년 전에 고등학교를 마친 19세의 조세핀은 회사 근무 경험은 전혀 없었다. 물론 지금은 수에즈 서부에서는 가장 유능한 비서의 한 사람이 되었지만, 그때는 그 자질만을 가지고 있었다.

 하루는 조세핀에게 잔소리를 하려다 말고 나는 스스로에게 말했다.

 "잠깐만 데일, 너는 조세핀보다 인생 경험도, 일에 대한 경험도 훨씬 많지. 그 아이에게 너와 같은 능력을 기대하는 것은 무리야. 네 능력도 크게 대단한 것은 아니지만. 그리고 너는 열아홉 살 때 어땠지?"

 공정하게 생각해 보니, 당시의 나보다는 그 아이 쪽이 야구용어로 말해, 타율이 높았다. 그 이후 그 아이에게 잔소리할 때는 다음과 같이 말하곤 했다.

"조세핀, 그건 잘못됐구나. 하지만 내 실수에 비하면 대단한 것은 아니고, 능력은 경험을 쌓으면서 생기는 거란다. 나도 처음엔 많은 실수를 했는데, 네 나이때의 나에 비하면 지금 넌 잘하고 있어. 네 잘못을 꾸짖고 싶은 생각은 없고, 어떨까 이렇게 해보면……"

사람에게 잔소리를 해야 할 경우 겸허한 태도로, 나 역시 자주 실수하지만 하는 식으로 전제한 다음 잘못을 충고하면 상대방은 심한 불쾌감을 갖지 않는다.

1909년 독일의 세련된 왕자 폰 블로우도 대인관계에서 이런 방법의 필요성을 크게 깨달았다. 그는 독일제국 최후의 황제, 오만하고 독선적인 빌헬름 2세 밑에서 수상을 지내고 있었다. 당시 빌헬름 황제는 육해군 병력을 증강하며 독일을 천하무적으로 자랑하고 있었다.

그런데 사건이 발생했다. 영국 방문중 황제가, '나는 영국에 우호적인 유일한 독일인이다, 영국이 러시아와 프랑스의 공격을 받지 않고 안심할 수 있는 것은 모두 내 덕이다, 영국 로버트 경이 남아프리카 보아즈를 격파시킨 것은 내 정복계획 때문'이라고 공식적으로 발표했으며, 그것이 『데일리 텔레그래프』지에 게재되었다. 영국 국민은 분개했으며, 유럽이 들끓기 시작했다.

문제는 걷잡을 수 없이 확대되었다. 황제 자신도 당황해 수상 폰 블로우에게 책임을 떠넘기려 했다. 폰 블로우가 '이번 일은 이를 황제에게 발표하도록 건의한 나에게 책임이 있다.'고 해명해 주기를 바랐다.

"폐하, 독일은 물론 영국의 어느 누구도 제가 폐하께 건의할 수 있다고 생각하는 사람은 없을 것입니다."

폰 블로우는 그렇게 대답한 순간 후회했다. 황제는 열화와 같이 노했다.

"자네는 나를 바보 취급하는가! 자네 같으면 절대로 하지 않는 실수를 내가 했다는 말인가!"

폰 블로우는 황제를 비난하기에 앞서 칭찬했어야만 했다는 생각이 들었으나 일은 이미 벌어진 뒤였다. 그는 차선의 방책을 강구했다. 그것은 비난 뒤에 칭찬하는 것으로, 이 역시 기적을 낳았다.

"결코 그런 의미에서 말씀드린 것은 아닙니다. 현명하신 폐하는 저와는 비교될 수 없지요. 육해군의 일은 말할 것도 없고, 자연과학에 관한 조예도 깊으신 것으로 압니다. 폐하께서는 자주 청우계나 무선전신 등을 설명해 주셨는데, 저는 그때마다 탄복할 뿐이었습니다. 저는 단순한 자연 현상조차 설명할 수 없을 정도입니다. 역사 지식과 정치, 특히 외교에 도움이 되는 지식만을 조금 가지고 있을 뿐입니다."

폰 블로우는 황제는 추켜세우고 자기를 깎아내렸다. 그제야 황제의 표정은 풀렸다. 어떠한 일이라도 용서하고 싶어진 황제는 흥분한 어조로 말했다.

"내가 늘 말했지만 우린 서로 협력해야 해. 정말 잘해

보자고."

 황제는 폰 블로우의 손을 몇 번이나 굳게 쥐었다. 마침내는, "폰 블로우를 욕하는 사람은 내가 혼내 주겠어." 라고까지 했다.

 폰 블로우는 위태로운 고비를 이렇게 넘겼다. 그처럼 빈틈이 없는 사람도 실수를 한 셈이다. 무엇보다 자기의 단점과 황제의 장점을 말하며 겸손한 태도로 문제를 풀어나갔어야 했는데, 거꾸로 해결하려 했던 것이다.

 겸손과 칭찬은 인간관계에 커다란 효과를 발휘할 수 있다. 바르게 응용하면 기적을 낳을 수도 있다.

제 4 장
명령보다 부탁하고 협조를 구하라

 언젠가 나는 전기작가 아이다 타벨 여사와 식사를 함께 할 기회가 있었다. 내가 '사람을 다루는 법'을 집필하고 있었기 때문에 우리의 화제는 자연스럽게 인간관계의 여러 문제에 관한 것이 되었다.

 그녀가 오웬 D. 영의 전기를 쓸 때였다고 한다. 그녀는 영과 3년 동안 같은 사무실에서 일했다는 사람을 만나 그의 이야기를 들었는데, 영은 누구에게도 결코 명령적인 어투로 말하지 않았다고 한다. 명령이 아닌 암시를 주었다는 것이다. "저것을 하라", "그래서는 안 된다."라는 식으로 결코 말하지 않았다. "이렇게 생각하면 어떨까?" 하는 식으로 상대방의 의견을 구했다. 비서가 받아쓴 편지를 읽어보고는, "여긴 이렇게 표현하면 좀더 좋아질 것 같은데……" 하고 신중하게 말했다.

 오웬 영은 언제나 사람들에게 자발적으로 일을 하게

했다. 명령은 결코 하지 않았고, 실패를 본보기로 하여 배우도록 했다.

이러한 방법을 취하면 사람들은 스스로 자신의 잘못을 깨닫고 좀더 쉽게 시정하게 된다. 그리고 자존심을 세워주고, 중요성을 느끼게 해주어 반감 대신 협력하는 마음을 일으킬 수 있다. 또한 질문은 명령을 보다 부드럽게 해주며, 사람들의 창의력을 자극하기도 한다.

사람들은 명령을 내리는 과정이나 결정에 참여하게 되면 그 명령을 쉽게 받아들이는 경향이 있다. 이에 대한 사례로 이안 맥도날드 씨의 경험담을 살펴보자. 맥도날드 씨는 남아프리카 요하네스버그에서 정밀기기 부품을 생산하는 공장의 공장장이었다.

어느 날 맥도날드 씨는 공장 규모에 비해 다량의 주문을 받게 되었다. 공장의 작업 계획과 납품 시일을 생각할 때 그 주문을 받아들이는 것은 무모한 일로 생각되었다. 그러나 그는 이 일을 해내고 싶었다.

마침내 그는 직공들을 모두 한 자리에 모아놓고 상황 설명을 했다. 제 날짜에 주문량을 생산할 수만 있다면 회사와 각자에게 어떠한 이득이 있는지 말해 주었다. 그리고 나서 질문을 했다.

"우리 공장에서 이 주문량을 처리할 수 있는 방법은 없을까요?"

"이 주문에 맞게 우리의 생산성을 높일 수 있는 생산

방식을 누가 생각해 낼 수 있습니까?"

"작업 시간이나 개인에 따라 업무를 조정할 방법은 없을까요?"

공장 직공들은 여러 가지 아이디어를 내놓았고, 주문을 받아들이자는 의견일치를 보았다. 그들은 할 수 있다는 태도로 그 일에 임했으며, 따라서 목적한 바를 훌륭하게 달성했다.

명령보다 부탁하고 협조를 구하면 상대방을 훨씬 효과적으로 변화시킬 수 있음을 아는 것은 중요하다.

제 5 장
상대방의 체면을 지켜주라

 몇 년 전 제너럴 일렉트릭 사는 찰스 스타인메츠 부장의 인사문제로 갈등하고 있었다. 스타인메츠는 전기에 관해서는 어느 누구에게도 뒤지지 않았으나, 기획부장으로서는 적임자가 아니었다. 그는 자기 일에 유능한 반면 대단히 신경질적인 사람이었다. 회사로서는 그의 감정을 상하지 않고 일을 처리하고 싶었다.
 회사는 새로운 자리를 만들어 그를 임명했다. '제너럴 일렉트릭 고문기사'가 그것이었다. 그리고 기획부장직에는 다른 사람을 발령했다. 스타인메츠는 기뻐했다. 중역들도 기뻐했는데, 다루기 힘든 사람의 체면을 세워줌으로써 조용히 인사문제를 매듭지을 수 있었기 때문이다.
 다른 사람의 체면을 세워주는 일, 이것은 매우 중요하다. 그러나 그 중요함을 이해하는 사람이 얼마나 될까? 자기의 주장을 관철시키기 위해 많은 사람들은 다른 사람의 감정이나 자존심은 전혀 생각지 않는다. 그러나 좀 더 신중하게 진심어린 말을 건넨다면, 일은 훨씬 쉽게 풀릴 것이다. 고용인이나 부하 직원들을 해고시켜야 할 경우, 특히 이 점을 명심해야 한다.

공인회계사인 마샬 그렌저로부터 온 편지의 일부를 소개한다.

직원을 해고하는 것은 결코 유쾌한 일이 아닙니다. 해고당하는 사람의 경우에는 더욱더 그러할 것입니다. 우리 업계는 계절에 따라 좌우되는 일이 많아 해마다 3월이 되면 대량의 해고자가 발생합니다. 그래서 직원을 해고시키는 불유쾌한 일은 될 수 있으면 간단하게 처리하고들 있습니다.

"스미스 씨, 거기 좀 앉으시죠. 아시다시피 시즌도 끝났기 때문에 당신의 일도 끝났습니다."

잘 알고 있는 사실이기는 하지만 상대방은 이 말에 타격을 받습니다. 그들 대부분은 이렇게 쉽게 해고하는 회사에는 조금도 애정을 느끼지 않습니다.

나는 임시채용한 사람들을 해고할 때 좀더 신중한 방법을 취합니다. 해고를 통고하기 전에 나는 각자의 업무 실적을 조사한 후 그들과 만납니다.

"스미스 씨, 당신의 일솜씨는 훌륭합니다. 뉴욕에 출장가셨을 때는 애많이 쓰셨지요. 일을 잘 처리해 주셔서 회사에 큰 도움이 되었습니다. 당신에게는 실력이 있으니까 어딜 가시든지 괜찮을 것입니다. 우리는 당신을 믿고 있습니다. 또 좋은 기회가 오기를 바라며, 기회되는 대로 서로 도움이 되었으면 합니다."

이러한 약간의 배려를 베풂으로써 상대방은 해고된 것을 조금도 불쾌하게 여기지 않고 밝은 마음으로 떠나갔습니다. 회사에 일이 있기만 하면 또다시 고용할 것이 틀림이 없다고 생각하고, 또 실제로 회사가 재차 그들이 필요하게 되었을 경우 기꺼이 와주었습니다.

상대방의 체면을 세워주는 일이 다른 어떤 성취보다도 소중하고 의미 있다는 사실을 이해하면 기적은 항상 일어난다.

제 6 장
사소한 일이라도 칭찬하라

내게는 오래 전부터 친하게 지내오던 피트 바로우라는 친구가 있었다. 서커스단 단장이었던 바로우는 개나 조랑말을 데리고 각 지방을 돌아다녔다. 나는 그가 개에게 재주 가르치는 것을 지켜보곤 했는데, 개가 조금이라도 잘하면 내 친구는 반드시 머리를 쓰다듬어주고 고기를 주며 칭찬을 했다. 이 방법은 새로운 것이 아니다. 동물 조련사들은 옛날부터 이 방법을 사용해 왔다.

동물을 훈련시킬 때 사용하는 방식을 사람을 변화시키려 할 때는 왜 사용하지 않는가? 사람이든 동물이든 칭찬을 해주면 좋아한다. 그리고 목적했던 일에 더욱 좋은 효과를 낼 수 있다. 그런데도 대개의 사람들은 칭찬보다는 비난을 더 쉽게 한다.

싱싱 교도소 소장 루이스 로즈는 상습범도 칭찬해 주면 비상한 효과를 나타낸다고 했다. 이 책을 쓰는 중에 그로부터 받은 편지에 다음과 같은 구절이 있었다.

"죄수들은 그들의 노력을 칭찬해 주면 진심으로 후회하는 빛을 보입니다. 그것은 비행을 지적하는 것보다 훨씬 효과가 있습니다."

지금까지 걸어온 길을 되돌아보면, 칭찬의 말이 내 생애에 대전환을 가져온 기억이 있다. 누구에게나 그런 경험이 한 번쯤은 있었을 것이다.

역사는 우리에게 칭찬으로 인해 일어난 많은 마술과 같은 일들을 전해 주고 있다. 지금으로부터 약 50년 전, 열 살쯤 되어 보이는 소년이 나폴리 어느 공장에서 일하고 있었다. 소년은 훌륭한 성악가가 되고 싶었는데, 그의 선생님은 그를 실망시켰다.

"너는 안돼! 마치 고장난 문이 바람에 끽끽거리는 소리 같단 말야."

그러나 가난한 그의 어머니는 아들을 껴안고 사랑스럽게 격려해 주었다.

"걱정 말아라. 넌 반드시 훌륭한 성악가가 된다. 점점 좋아지는 네 노래 실력이 말하고 있지 않니?"

어머니는 헌신적으로 일하면서 아들에게 음악공부를 시켰다. 이 어머니의 칭찬과 격려가 소년의 생애를 바꾸어 놓았다. 이 소년이 바로 세계적인 가수 카루소이다.

이러한 사례는 얼마든지 있다. 19세기 초 런던에는 소설가 지망생인 한 젊은이가 있었다. 그 젊은이는 학교는

4년밖에 다니지 않았고, 아버지는 채무관계로 형무소에 들어가 있었다. 끼니도 거를 정도의 가난 속에 그는 쥐소굴과 같은 창고 속에서 구두닦이 약통에 레테르를 붙이는 직업을 가지고 있었다. 밤에는 다락방에서 두 소년과 함께 잠을 잤다.

그는 비웃음이 두려워 모두가 잠든 밤중에 가만히 침대를 빠져나와 글을 썼다. 이렇게 쓴 처녀작을 어느 잡지사에 보냈으나 되돌아왔다. 그래도 그는 계속 작품을 보냈다. 원고는 항상 되돌아왔다. 그러던 어느 날 마침내 그에게 기념할 만한 날이 찾아왔다. 작품이 채택된 것이었다. 고료는 한푼도 받을 수 없었으나, 편집자로부터 칭찬을 받았다. 그는 인정을 받은 것이다.

그는 감격한 나머지 흐르는 눈물도 닦지 않고 거리를 헤맸다. 자기 작품이 활자가 되어 세상에 나왔다는 것이 그의 생애에 커다란 변혁을 가져왔다. 만약 그런 일이 없었다면 그는 한평생 창고 속에서 살았을지도 모른다. 이 소년이 그 유명한 영국의 작가 찰스 디킨스였다.

다른 한 가지 예를 더 살펴보자. 19세기 중반에 역시 런던에서 한 소년이 직물가게에서 일하고 있었다. 아침 5시부터 청소나 심부름을 하며 하루 14시간을 일해야 했다. 이 견딜 수 없는 중노동을 그는 2년 동안 참았다. 그러던 어느 날 그 소년은 아침 식사도 하지 않고 가게를 빠져나와 15마일이나 되는 길을 걸어 남의 집에서 일하고 있는 어머니에게로 갔다. 그는 지금의 가게에서 일하느니 차라리 죽어버리겠다고 울부짖으며 호소했다.

소년은 모교의 교장 앞으로 딱한 처지를 자세하게 쓴 긴 편지를 보냈다. 교장 선생님으로부터는 곧 회답이 왔다. '자네는 두뇌가 명석해 그러한 노동에는 적합치 않다. 좀더 지적인 일을 해야 한다.'면서 그를 위해 학교에 자리를 마련해 주겠다고 했다.

교장 선생님의 이 칭찬은 소년의 장래를 일변시켰다. 77권의 책을 펴냈으며, 백만 달러 이상의 재산을 펜 하나로 일구어낸 사람, 영국 문학사와 세계 문학사에 불멸의 공적을 남긴 이 사람은 다름아닌 H. G. 웨일즈였다.

사소한 일에도 상대방을 칭찬하는 습관을 가져라. 그 사소한 습관이 사람을 변하게 하고 역사를 변화시킨다.

제 7 장
상대방에게 발전적인 기대를 표시하라

 뉴욕 스커스델에 살고 있는 어니스트 젠트 부인은 한 파출부를 고용해 월요일부터 일하기로 했다. 젠트 부인은 이전 고용주에게 전화를 걸어 일하기로 된 파출부에 대해 알아보았는데, 그녀에게 다소의 결점이 있다는 말을 들었다.

 약속한 날짜에 그녀와 만난 젠트 부인은 다음과 같이 말했다.

 "넬리. 그저께 당신이 전에 일했던 집주인하고 전화 통화를 하게 되었어요. 당신은 정직해 신용할 수 있고, 요리 솜씨도 좋고 친절해 아이들 뒷바라지를 잘한다고 하더군요. 그러나 청소하는 데는 좀 부족하다고 들었어요. 그러나 나는 믿어지지 않아요. 당신이 입고 있는 옷차림이 깨끗하고 정결한 것만 보아도 알겠어요. 당신은 반드시 그 몸가짐과 같이 집안도 깨끗하게 해주리라 믿어요 우리는 서로 잘 맞을 것 같군요."

넬리는 젠트 부인이 자기에게 걸고 있는 기대에 어긋나지 않도록 열심히 일했다. 집안은 언제나 깨끗했고, 모든 것은 잘 정돈되어 있었다.

이러한 인간의 본성을 꿰뚫어본 볼드윈 기관차제작회사의 사무엘 보클레인 사장은 이렇게 말했다.

"무엇인가 장점을 찾아 찬사를 표하거나 칭찬하면, 대개의 경우 상대방은 자신의 생각대로 움직여준다."

상대방의 약점을 고쳐주고 싶을 때면, 그 점에 대해서 그가 다른 사람보다 뛰어나다고 말해 주는 것이 효과적이라는 말이다. 이에 대해 셰익스피어는 아주 짧게 정곡을 찌르는 말을 하고 있다.

"덕이 없어도 있는 듯 행세하라."

어떤 사람에게 장점을 발휘하도록 하고 싶으면 바로 그 장점을 공공연히 칭찬해 주도록 하라. 그러면 그 사람은 그 기대에 부응하려고 노력함으로써 자기의 장점을 살릴 수 있을 것이다.

헨리 클레이 리스너는 프랑스에 체류중인 미국 병사의 품행을 바로잡기 위해 이 방법을 사용했다. 명장 제임스 G. 허버트 대장이 프랑스에 체류중인 200만 미국 병사는 가장 청렴하고 이상적인 군인이라고 말하는 것을 리스너는 들은 적이 있었다. 지나칠 정도로 칭찬한 것이지만 리스너는 이 말을 잘 이용했다.

그는 이에 대해 다음과 같이 말했다.

"나는 대장의 말을 전군에 철저하게 인식시켰다. 비록 그 말이 맞지 않았다고 해도 장군이 이런 생각을 가지고 있다는 것을 아는 것만으로도 병사들은 감격해 장군의 기대에 어긋나지 않도록 노력할 것이기 때문이다."

"개를 죽이려고 생각했다면 먼저 그 개를 미친 개라고 불러라."

이런 속담이 있다. 한번 나쁜 소문이 나면 좀처럼 재기하기 어렵다는 뜻이다. 그러나 거꾸로 한번 호평이 나게 되면 어떻게 되는가? 누구든지 좋은 평판이 나면 대개는 그에 부끄럽지 않기 위해 노력하게 된다.

악인을 대할 때는 그를 존경할 만한 신사로 간주하라. 그것이 가장 효과적인 방법이다. 신사적인 대우를 받으면, 그는 신사로서 부끄럽지 않도록 노력을 아끼지 않을 것이다. 그리고 다른 사람으로부터 신뢰받는 것을 큰 자랑으로 여기게 된다. 이것은 싱싱 교도소장 로즈의 경험에서 나온 말이다.

제 8 장
실수를 용서하고 격려하라

　내 친구 가운데 40대 독신 남자가 있다. 그가 최근 독신생활을 청산하고 약혼을 했는데, 약혼녀가 그에게 댄스를 배우라고 권했다. 그는 이 일에 대해 내게 다음과 같이 말했다.

　"젊었을 때 잠깐 배운 외에 나는 20년 동안 한 번도 댄스를 해본 적이 없어. 그러니 새로 배우는 거나 같았지. 처음의 교사는 내 춤이 형편없다고 했어. 처음부터 다시 배우지 않으면 안된다고 했는데, 나는 그만 싫증이 나서 배우러 가는 것을 집어치워 버렸어."

　그의 두 번째 댄스 교사는 어떠했는지 그에 대한 이야기를 들어보자.

　"다음 댄스 교사는 다소 거짓말을 했어. 그걸 알았지만 나는 그 사람의 태도가 마음에 들었지. 댄스 솜씨는 다른 사람들에 비해 다소 뒤지지만 기본이 확실하기 때문에 새로운 스텝을 쉽사리 익힐 수 있다고 했어. 첫번째 교사는 결점을 강조해 나를 실망시켰는데, 이 교사는 그 반대였지. 장점을 강조했을 뿐 결점에 대해서는 별로 말하지 않았어. 리듬을 잘 소화하고 소질도 있다고 했지. 내 자신이 서툰 것을 알고 있으면서도 칭찬에 기분이 좋은 것은 어쩔 수 없었어. 어쨌든 칭찬을 받은 덕분인지 능숙해져 갔지. 교사의 말에 힘이 나고 희망이 생겨 더 잘하고 싶었던 거야."

누구에게든지 무능하다든가 재간이 없다고 단점만을 지적하는 것은 잘해 보려는 마음을 없애버리는 가장 빠르고도 쉬운 방법이다. 반대로 장점을 칭찬해 주면 상대방에게 나도 할 수 있다는 의욕을 북돋아준다. 그리고 이쪽에서 능력에 대한 믿음을 보이면 그는 자기의 우수함을 보이려고 더욱 열심히 하게 된다.

이와 같은 방법을 로웰 토머스는 가장 잘 쓰고 있다. 사람을 분발시키고 자신감을 부여하며 용기와 신념을 심어주는 이 방법에 그는 뛰어난 명수였다.

최근 나는 토머스 부부와 함께 주말을 보낸 적이 있다. 그 토요일 밤 벽난로 옆에서 브리지를 하자는 권유를 받았다. 그러나 나는 전혀 할 줄 몰랐다.

"데일, 브리지 같은 게 뭐가 어렵다고 그래. 비결 같은 건 없고, 다만 기억력과 판단력만 있으면 된다네. 자네는 기억력에 관한 책도 낸 적이 있지 않은가. 자네에게는 정말 안성맞춤인 게임이야."

그래서 자신감을 얻은 나는 태어나 처음으로 브리지 테이블에 앉았다. 모두가 추켜주는 바람에 별 어려움 없이 손쉽게 배워 함께 즐길 수 있었다.

브리지 게임이라고 하면 나는 일라이 컬버트슨을 생각하게 된다. 나만이 아니라 브리지를 할 줄 아는 사람이라면 누구나 그럴 것이다. 그가 쓴 브리지에 관한 책은 몇 개 국어로 번역되어 백만 부 이상 팔렸다.

이러한 그였지만, 어떤 젊은 여성으로부터, "당신에게는 브리지에 대한 굉장한 소질이 있어요. 타고난 재능이에요." 하는 말을 듣지 않았다면 아마 그렇게 되지는 않았을지도 모른다.

1922년 미국에 처음 왔을 때 컬버트슨은 철학과 사회 교사가 될 생각이었다. 그러나 적당한 일자리가 없었다. 그는 석탄판매를 하다 실패했고, 다시 커피 판매를 했으나 그것도 잘 되지 않았다.

아무리 살기가 어려웠지만 당시 그에게 브리지 교사가 되려는 생각은 전혀 없었다. 트럼프 놀이에 서툰 그는 같이 게임을 하는 사람들을 귀찮게만 했다. 처음부터 끝까지 이것저것 물어보기 때문이다. 그뿐 아니라 게임 과정을 까다롭게 따지기 때문에 모두들 그와 함께 게임하는 것을 싫어했다.

그러다가 그는 조세핀 딜론이라는 아름다운 브리지 교

사와 사귀게 되어, 마침내는 결혼까지 하게 되었다. 그녀는 그가 면밀하게 카드를 분석하고 생각하는 모습을 보고 그에게 트럼프 놀이에 대한 천성적인 소질이 있다고 칭찬을 아끼지 않았다. 컬버트슨을 브리지의 권위자로 만든 것은 이러한 아내의 격려의 말이었다.

제 9 장
즐거운 마음으로 협력하게 하라

 1915년, 유럽은 제1차 세계대전의 포연에 휩싸여 있었다. 미국은 전쟁 발생지와 지리적으로 거리를 두고 있었기 때문에 그때까지는 전쟁에 휘말리지 않았다. 그러나 대륙을 사이에 두고 언제까지 전쟁을 바라보는 입장이 되어 있을 수만은 없었다.

 세계평화를 되찾을 수 있을지 모두들 불안해했으며, 미래에 대해 아무도 장담할 수 없는 암울한 세계의 분위기였다. 마침내 윌슨 대통령은 전쟁 당사국 지도자들과 협의하기 위해 유럽에 평화사절단을 파견하기로 했다.

 평화주의자인 국무장관 윌리엄 제닝스 브라이언은 평화사절단의 역할을 자기가 맡기를 원했다. 자기 이름이 역사에 기록될 좋은 기회라고 생각했다. 그러나 윌슨 대통령은 브라이언의 친구이자 국무성 고문인 하우스 대령에게 그 일을 맡겼다. 그 일을 맡은 하우스 대령은, 브라이언의 감정을 상하지 않으면서 이 사실을 전해야 하는 어려운 입장에 처하게 되었다.

"브라이언은 내가 대통령의 평화 특사로 유럽에 가게 되었다는 얘기에 실망하는 빛이 뚜렷했다. 그는 솔직하게 자기가 대신 가고 싶다고 했다. 나는, 대통령이 이번 평화사절단 파견을 공공연히 세상에 알리는 것은 좋지 않다고 생각하고 있다, 당신과 같은 거물은 세상의 이목을 끌게 되므로 이번 일은 맡기지 않았다고 했다. 이 말에 그는 충분히 만족하는 것 같았다."

현명하고 경험 많은 하우스 대령은 말하기 어려운 처지에서도 상대방이 자진해서 협력하게 하는 인간관계의 중요한 법칙을 알고 있었다.

윌슨 대통령은 윌리엄 G. 매카두를 각료로 임명할 때 이러한 방법을 이용했다. 각료는 누구에게나 명예로운 지위이다. 그 지위에 임명하면서 윌슨은 상대방의 중요성을 배가시키는 방법을 취한 것이다.

이에 대해 매카두는 이렇게 말했다.

"윌슨 대통령이 내게 재무장관을 맡아주면 고맙겠다고 했을 때, 이 명예로운 지위를 맡는 것만으로도 나는 누구에겐가 오히려 은혜를 베푼 것과 같은 기분이었다."

불행하게도 윌슨 대통령은 언제나 이 방법을 이용했던 것은 아니다. 그는 국제연맹 가입문제로 상원을 노하게 하고 공화당을 무시했다. 그가 이 방법을 일관되게 썼더라면 아마 미국의 역사는 바뀌었을 것이다. 인간관계를 고려하지 않았던 윌슨 대통령의 방법은 그 자신의 실각을 초래하고, 그의 건강을 해쳤으며, 미국을 국제연맹 불참국으로 만들어 세계사를 바꾸어놓고 말았다.

강연을 의뢰받고 부득이 거절해야 하는 경우, 내 친구는 거절하는 방법이 훌륭했다. 그래서 상대편은 거절당하고도 크게 마음을 상하지 않았다. 그는 바쁘다고 자신의 사정을 늘어놓지 않고, 우선 의뢰받은 일에 대해 진심으로 감사의 뜻을 전한다. 그리고 유감스럽게도 틈을 낼 수 없다고 하면서 대신 다른 강연자를 추천한다. 상대방에게 실망을 느끼게 할 여유를 주지 않고 다른 강연자를 고려하도록 만들어버리는 것이다.

"제 친구 중에『브루클린 이글』지 편집장인 클리블랜드 로저스라는 사람이 있는데 그에게 부탁하면 좋을 것 같습니다만, 아니면 히코크가 좋을지도 모르겠군요. 그 사람은 유럽 특파원으로 파리에 15년간 체류한 경험이 있고 놀랄 만큼 박학합니다. 아니면, 인도에서 사냥을 하는 등 다채로운 여행 경험이 있는 리빙스턴 롱펠로는 어떻겠습니까?"

언젠가 뉴욕에서 인쇄소를 경영하고 있는 J. A. 윈터는 한 기계공의 태도를 고쳐주어야겠다고 생각했다. 이 기계공은 타자기와 기계를 수리하고 조절하는 일을 했다. 그는 일이 너무 많고 그래서 날마다 연장근무라고 투덜거렸다. 자기에게는 조수가 필요하다는 것이다. 그러나 윈터는 조수도 쓰지 않고, 시간도 단축하지 않았으며, 일의 양도 줄이지 않으면서 그의 불만을 해결했다. 그에게 사무실 하나를 제공한 것이다. 그의 사무실 문에는 그의 이름과 직함이 적혀 있었다.

수리계장이 그의 직함이었다. 평직원이 아닌 수리계장이었다. 권위가 주어졌고, 또 타인으로부터 인정을 받아 자기의 중요성이 충족된 것이다. 그는 지금까지의 불평을 잊고 만족스럽게 일했다.

어떤 사람은 이런 방법은 사탕발림의 속임수라고 생각할지도 모른다. 그러나 상당한 효과를 거둘 수 있다는 사실을 무시할 수는 없다. 프랑스의 황제 나폴레옹 1세도 이와 같은 방법을 사용했다. 그는 자기가 제정한 레종 도뇌르 훈장을 1만 5000명의 병사들에게 수여했으며, 18명의 대장들에게는 대원수 칭호를 주었다. 그리고 자신의 군대를 대육군이라고 부르곤 했다. 싸움터의 군사를 장난감으로 속였다고 비난받자, 그는 곧 간단하게 대답했다.

"인간은 장난감의 지배를 받는다."

나폴레옹의 사람을 다루는 방법, 곧 권위를 주는 방법은 우리도 쉽게 이용할 수 있다. 그 한 예로서 앞에서 언급한 젠트 부인의 경우가 있다.

젠트 부인은 이웃 동네의 악동들에게 괴로움을 당한

일이 있다. 뜰에 들어와 잔디를 못쓰게 만들어버렸던 것이다. 위협을 해도 달래보아도 아무런 효험이 없었다. 그래서 젠트 부인은 그 악동들의 대장에게 '탐정'이라는 명칭을 주어 권위를 갖게 해주었다. 그리고 잔디밭의 불법 침입자를 단속하는 임무를 맡겼다.

이 방법은 훌륭했다. 탐정은 뒤뜰에서 모닥불을 피우고 철봉을 마구 흔들면서 불법 침입자들을 내쫓았다.

제 10 장
기적을 낳은 편지

 '기적을 낳은 편지'라니, 이 책을 읽는 어떤 이들에게는 터무니없게 들릴지도 모른다. 그러나 지금 소개하려 하는 편지가 거둔 기적 이상의 효과는 전혀 과장 없는 사실이다. 존스 맨빌 회사 판매부장이었으며, 현재는 광고협회 회장이자 팜오일피트 회사 선전부장 켄 R. 다이크 씨의 편지가 바로 그러하다.

 업태조사 앙케이트 회답률은 대개 5~8퍼센트로, 20퍼센트 정도는 기적의 성과라고 한다. 그런데 다이크 씨의 앙케이트 회답률은 42.5퍼센트, 기적의 성과 두 배 이상으로, 그는 그 비결에 대해 다음과 같이 말한다.

 "앙케이트를 보내며 쓴, 기적을 초래한 편지는 카네기 강좌에 참석한 직후 씌어졌다. 나는 종래의 내 방침이 잘못되었음을 깨닫고 강좌에서 얻은 지식을 활용했다. 그 결과는 5~8배 정도의 회답률 증가로 나타났다."

다이크 씨의 편지는 타인의 호의에 호소해, 상대방에게 우월감을 갖도록 하고 있다. 괄호 안에 나의 평을 첨가해 편지를 소개한다.

　이번에 귀하께 도움을 청할 일이 있어 실례를 무릅쓰고 편지를 드립니다. 널리 양해하시기 바랍니다.
　(이 편지를 시골 주점 주인이 받았다고 하자. 뉴욕의 유력자가 공손하게 도움을 청하고 있다. '흥, 이 친구가? 도움을 청하는데 모른 척할 수도 없고, 어디 한번 들어보기나 할까?' 이렇게 기분이 우쭐해지지 않았을까?)
　지난 해에 우리는 수요자 앞으로 광고의 안내문안을 보내드려 거래점 판매확장에 도움을 청했습니다.
　(거래점 주인은 '그 서비스에서 생긴 이익은 그쪽이 취하고 있지 않은가. 도대체 무엇이 곤란하다는 것인가?'라고 의아해할 것이다.)
　그 효과에 대해 거래점의 의견을 들었습니다만, 대다수는 광고효과에 크게 도움받고 있었습니다. 이에 근거해 우리는 올해도 이 방법에 의해 거래점의 편의를 도모할 계획입니다. 그런데 사장님께서 지난 해에 거둔 효과에 대한 구체적 설명을 요청함에 따라 저로서는 귀하의 호의에 의지하지 않을 수 없습니다.
　('저로서는 귀하의 호의에 의지하지 않을 수 없습니다.' 참으로 좋은 표현이다. 뉴욕의 실세가 시골 거래점

주인에게 어려운 입장을 호소하며 도움을 청하고 있다. 더구나 회사 힘을 과시하는 그런 말을 전혀 비치지 않았다. 오로지 상대방의 호의에 의지하며, 상대방의 도움 없이는 임무를 달성할 수 없다고 호소하고 있다. 거래점 주인은 흡족할 수밖에 없다.)

번거로우시겠지만 동봉한 엽서에 다음 사항을 기입하신 후 반송해 주시면 더없는 도움이 되겠습니다. 먼저, 지난 해 어느 정도 판로가 확장되었고, 증가했다고 생각되십니까? 판매건수를 알려주시기 바랍니다. 그리고 증가분 매상총액을 될 수 있는 대로 정확하게 알려주시기 바랍니다.

바쁘실 텐데 이렇게 수고를 끼쳐드려 죄송하기 그지없습니다. 아무쪼록 잘 부탁합니다.

상대방의 중요성을 충분히 인정한 겸손한 태도는 주목할 가치가 있다. 지극히 간단한 편지지만, 이것이 바로 기적적인 효과를 거두게 한 요인이다. 그 비결은 상대방의 호의에 의지한다는 것이며, 상대방은 작은 은혜를 베푸는 것으로 자기의 중요성을 만족시키게 된다.

벤자민 프랭클린도 역시 이 방법을 이용해 자기의 적을 둘도 없는 친구로 만든 일이 있다. 젊었을 때 그는 인쇄소를 경영하면서 필라델피아 주의회 일도 보았는데, 의회 인쇄물을 맡아 막대한 이익을 거두고 있었다. 그런데 주의회에는 프랭클린을 달갑지 않게 여기는 한 유력 인사가 있어서 사사건건 그를 비난했다.

프랭클린은 이 사람을 자기 편으로 끌어들여야겠다고 생각했다. 그러나 자신의 호의를 받아들이라고 강요할 수는 없다. 그는 거꾸로 상대방의 호의를 구하는 쪽을 택했다. 호의를 구함으로써 상대방에게 중요성을 느끼게 하려는 것이다. 그때의 일을 그는 다음과 같이 말한다.

"그에게 희귀한 책이 있다는 말을 듣고 나는 그에게 그 책을 며칠간 빌리고 싶다고 편지로 부탁했다. 책은 곧 배달되어 왔다. 일주일 후 나는 책을 돌려보내면서 호의에 감사하는 정중한 편지를 함께 보냈다. 수일 후 주의회에서 마주치자 그쪽에서 먼저 아는 척했다. 그후 그와의 우정은 죽을 때까지 계속되었다."

내게는 다이크 씨의 편지가 또 한 통 있다. 이것도 역시 앞의 것과 같이 상대방의 호의에 의존하는 내용이다. 이 편지는 수년 전에 씌어진 것인데, 그 무렵 다이크 씨는 건축청부업자에게 보낸 업태조사 앙케이트의 회답이 제대로 오지 않아 골머리를 앓고 있었다.

이런 경우 회답은 1퍼센트 정도이며, 2퍼센트만 되어도 성공적이라고 할 수 있고, 3퍼센트가 되면 대성공이며, 10퍼센트가 되면 기적이라고 할 만했다. 그런데 이 편지는 50퍼센트의 회답률을 기록했다. 기적의 5배의 효과이다. 이 편지는 앞의 경우와 같은 방법, 수신인의 마음의 반응을 생각하면서 씌어졌다. 이것이 기적의 5배 효과를 낳은 이유임을 깨닫기 바란다.

 이번에 귀하의 고견이 필요한 용건이 생겨 글을 올리게 되었습니다. 작년에 우리는 제작중에 있는 건축자재의 카탈로그를 작성해 건축업자의 편의를 도모할 수 있었습니다. 도움이 될까 하여 그중 몇 부를 동봉해 드립니다.
 그런데 최근 이것을 다시 인쇄할 필요가 생겨 사장님께 말씀드렸더니 카탈로그 효과를 구체적으로 설명하라고 합니다. 이 일을 위해 저로서는 귀하의 호의에 의존하는 외에 다른 방법이 없습니다.
 덧붙여 말씀드릴 것은 번거로우시겠지만, 이 편지 뒷면에 있는 설문에 답해 주시면 더없는 도움이 되겠습니다. 카탈로그에 대해 기탄 없는 의견을 들려주시기 바랍니다. 가능한 한 귀하의 희망사항은 받아들이도록 노력하겠습니다.
 바쁘신 중에 수고를 끼쳐드려 죄송하기 그지없습니다. 아무쪼록 잘 부탁합니다.

 그러나 진심을 곁들이지 않는다면, 기계적인 편지로는 전혀 그 효과를 기대할 수 없다는 점에 유의해야 한다. 인간들은 모두 성의 없고 속들여다보이는 아첨에는 결코 속지 않는다. 이 책에서 서술한 방법 역시 성의가 있어야 비로소 그 효과를 얻을 수 있다. 이 책의 목적은 단순히 기계적인 요령만을 가르치는 것이 아니고, 새로운 삶의 방법을 가르치려는 것이다.

기적을 부르는 카네기 인간관계론

1판 1쇄 찍음 / 1999년 11월 15일
2판 6쇄 펴냄 / 2014년 10월 6일

지은이 / 데일 카네기
펴낸이 / 배동선
마케팅부/ 최진균, 서설
총무부/ 양상은
펴낸곳 / 아름다운사회

출판등록일자 / 2008년 1월 15일
등록번호 / 제2008-1738호

주소 / 서울시 강동구 성내동 446-23 덕양빌딩 202호 ⓤ134-033
대표전화 / (02)479-0023 팩스 / (02)479-0537
E-mail / assabooks@naver.com

이 책의 한국어판 저작권은 도서출판 아름다운 사회에 있습니다.
저작권법에 의해 한국내에서 보호를 받는 저작물이므로
무단전재와 무단복제를 금합니다.

ISBN 89-5793-014-0 03320

값 5,000원

* 잘못된 책은 교환해 드립니다.